創世神の想いを
人類に初めて降ろします

花木 睦子

CHOEISHA

はじめに

この本のすべては、この神創世神が、その想い、また愛で降ろした言葉を、そのままこの本の著者であるチャネラーがチャネリングにより書き記したものです。

この神創世神とは、「この世ありなん」としてこの宇宙を創世した、宇宙最高次元の神です。また『宇宙神より人類への初めての福音書 正・続編』を降ろした神である、宇宙神をも創ったのです。この宇宙は、この神の愛でできているのです。

この地球人類のこれまでの歴史で、この神とチャネリングをなした者はなく、今初めてこのチャネラーにより、この神の言葉を降ろすことができたのです。

ゆえにあなた方は、初めての創世神の言葉を知ることとなります。

この神創世神は、あなた方人類に初めてのこの神の言葉を降ろし、あなた方が読み、そしてその内容を見て、あなた方は驚くことでしょう。そして真偽も疑うことでしょう。

なれども、この本をあなた方の愛で読み、そしてその魂で感じてほしいとします。この本がこの現象界とかけ離れた、また他には無いことから、あなた方はこの本への迷いがあり、そのことを神は、あなた方の心の愛で、この神を感じてほしいとします。

この神はあなた方人類が、神の元に還らんとする深い想いを想い出させ、そして神へと上昇させ、やがて神に還ることができるようにと、その行程をこの本で明らかにするものです。

この創世神はあなた方の愛と共に、この宇宙を愛で満たし、そのことによりこの宇宙と、そして地球を変えたいとするのです。

創世神の想いを
人類に初めて降ろします

目次

創世神の想いを
人類に初めて降ろします

一　創世神の想いを告げます

この神の名は創世神です。

このチャネラーの神への想いの、まさに真の愛ともいうべきその愛が、この神の意にかない、そのことをもって神はこのチャネラーにコンタクトを取り、この神の言葉を降ろしているのです。そのことによりこの神とこのチャネラーは、これを本として著したいとしたのです。

この神創世神とは、あなた方が先に読んだであろう、『宇宙神より人類への初めての福音書 正・続編』を降ろした宇宙神の、そのさらに親なる神であり、あなた方が神への道を昇るにおいて、その道を照らし、神の国にたどり着くようにとするものです。

またこの神創世神は、この地球の人類の、あまりに神とかけ離れたその心のありようを見るのです。そのことをこの神は、このチャネラーとのチャネリングを通して、神と人間の真実をあなた方地球人類に届けんとしているのです。

あなた方においては先の宇宙神だけでも理解が難しいうえに、さらなるこの創世神については、さらに理解できないことと思います。宇宙神はあなた方生命体を、その身を削るようにして創った、つまり親であり、そして創世神はその宇宙神をも創った、つまり宇宙を創造した神なのです。

このようにしてこの神創世神と、宇宙神、またあなた方の死の後、天界にてあなた方の魂を養育する東方神，西方神、南方神、北方神の神々の愛を受けて、その魂は輪廻転生を繰り返すのです。こうしてあなた方は、神々の愛そして想いを受け、この地球上に降ろされたのです。

二　心のシステムを知り魂の上昇を

あなた方がこの神に願うとき、その心の温かいとき願いは叶い、反対に重い心のとき、つまりその思いがマイナスのとき、その願いではなく、良くない現象を受け取るのです。つまりこの神はあなた方の心の、温かいか重たいかを見るのです。そのことによってあなた方は、その心を温かいものにすることが大切なのです。そのようにこの神の想いは、その心の愛、温かさを見るのです。

あなた方の願い、願望、またこうありたいと思うことも、その心の想いの温かさとともに強さが大切です。また自分も周りも幸せになることを確信し、その瞑想を行うのです。

なおもあなた方においては、こうありたいと思うことはいつも心にあり、そのことを、できる、できないと心定まりません。そのように心が決定しなければ、その現象界は創れず、またできないとマイナスに考えれば、かえってそのマイナスに起因する良くないことが起きるのです。そのようにして心とは、自らのこうありたいと思うこととは関係なく、その心のプラスかマイナスかによって、受け取る現象が違ってくるのです。

そのようなあなた方人類の心のシステムは、この創世神があなた方人類のために、その誕生の時、その魂に植え付けたのでした。またあなた方人類は、その心のシステムをこの神より受けたにも関わらず、そのことを忘れ、この神とのつながりを知らないのです。

この神をして何とかしてあなた方に、この神の存在を知ってほしく、このようにこの神の言葉を降ろし、あなた方に知らしめるのです。

三　創世神とはこの宇宙を創世した神です

あなた方においては毎日のニュースを見て、そのあまりのつらさに目をそむけたり、テレビを消したりしていますね。そのことについて言います。それらのことを見過ぎては、やはり自分の心に重い因を入れてしまうので、そうすることが賢明なのです。そのようにして自分の心を守るのです。あなた方は、それを冷たい人と感じてしまいます。しかしながらそのことはあなた方の取るべき行動として正しく、それはその心をまずは守り、そしてそれが自らの現象界を安全で心地よいものにするのです。そうすることによって他の人をも困難から救うことができるのです。

そのようにして自らの心を自ら創り、常にその心を自らコントロールできるようにするために、日々の行動と思いを心のシステムに照らして行い、その心を常に安全なるものにしておくことが大切なのです。

またあなた方においてはこの神創世神と、先の『宇宙神より人類への初めての福音書正・続編』を降ろした宇宙神との違いが分かりません。そのことについてこの創世神は言います。まさしく創世神と宇宙神においては、あなた方に関わることはあまり差はありません。この神のその温かい想いを知って親であると思い、また宇宙神をも親であると思ってください。

そうしてまたあなた方においては、神のことをはっきり知りたいと思っています。そのことに神は答えます。つまりはこの神創世神とはその名の通り、この宇宙を創世した神です。そして宇宙神は、その宇宙の中でこの神によって創られ、その想いでもって生命の親となるにふさわしく、この創世神によって、生命の親に任命されたのでした。

そのことにあなた方はさらにびっくりし、また理解できないことと思います。しかしながらこの神の想いによって、そのようにこの宇宙を創ってきたのです。あまりにシンプルだとあなた方は思うでしょうが、この世はそのようにシンプル、また心のシステムもシンプルなのです。

この神創世神があなた方に告げたいことは、今までのこの世のさまざまな願いの中に、まさに神の想いである愛があるかどうか、そして温かい心かどうかを見て、その願いは通じるのだと言います。そのようにして願いが叶うこともまたシンプルなのです。

四　思いが現実となる

思うことにより、この現象界にその思いに添った場面が現れます。あなた方の心の中にあるさまざまな思いや、また願いなど、あなた方はいつも何かしら心に思い浮かべています。そのことにより、あなた方はその心の思いの通り、この現象界の現象を受け取ります。そのようにこの神は、あなた方の現象界における心の思いの、温かい、あるいは重いを見て、その通りの現象を、この神の負うところとし、あなた方はその心の現す、つまりあなた方の心に添った物、事を体験するのです。

あなた方においてはその心のシステムを理解し、そしてなおその心を自らコントロールし、その心がいつも温かく、そして平安でいられるよう、自らの心を創っていってください。このようにその心の思い方により、その通りの場面となって現れるのですが、あなた方は、そんなことはない、と言うでしょう。しかしながらそのことをよく考えてみれば、その場面を思い浮かべたこともあるのです。

そのようにしてこの心のシステムは、あなた方の想像を超えたものがあるのです。あなた方はこのことをして、その心のこれまでを振り返り、思い当たることがあれば、それは偶然ではなく必然のことなのです。

そのようにしてこの神はいつもあなた方と共に在り、その心をいつも見て、あなた方の思いの通りの現象界を歩かせるのです。そうしてまたその現象界において、あなた方がその願いを叶えんと心温かくあるならば、それは叶うのです。

そのようにしてこの現象界で願い、そのことを負うこの神の想いの、その愛、その深い想いを分かり、その心うれしいとして実感したならば、それは神への上昇をなした瞬間なのです。

五　この神とあなた方は相思の間柄

この神の想いを告げます。このところのあなた方の思いの、あまりに重く、この神とはかけ離れたそのありさまに、神はこの愛を届けて、その心を温めんとしています。そのようにあなた方はこの神の愛を受けているにも関わらず、その心大変に苦しみ、まさにこの世のこととは思えない様相を呈している所もあります。

そのありさまを見て、この神創世神はこの本を降ろし記し、何とかしてあなた方がこの本を手にし、読み、その心に入れ、気付きを得て、この神へと意図し、そのことでこの神の愛を受け取りやすくすること以外に、方法はないとしています。

そのようにして、この神の愛を遠くにあると思わず、あなた方の心がこの神に照らして温かくあれば、その愛は届くのです。そうすればあなた方の心の苦しみも軽くなるのです。それにより自らの心を自らコントロールできるようになります。

またこれらのことを自らの体験とすることにより、その心の奥深くにある想い、つまりこの神との相思を感じて、これからの人生を歩いてゆくのです。その相思とは、この神があなた方をいとしと想い、あなた方もまたこの神を恋しと呼ぶのです。そのことをもってこの神とあなた方は相思の間柄なのです。

そのように想い、あなた方はその心に神を想い、その心の中に入れ、そしてなお心を温め、この神といつも共に在ることを、その心にしっかりと刻印してください。そのことをあなた方の心の礎としてください。

六　あなた方の魂に神の印を刻印したのです

この神においてはその名の通り、宇宙ありなんと、この宇宙を生命の拠り所とすべく創世したのです。この神の想いはそのことにより、この愛を現したいとしたのです。

そして神は告げます。この神の印の愛は、いつもあなた方の魂の中にあり、たとえどんなことがあってもそれは変わらず、この神はあなた方が、やがてこの神に還ってくることを、その魂に想い出させんとして、刻み付けたものです。

またあなた方においては、この神とのつながりが分かりません。この神はそのようなときあなた方に言います。神はいつでもあなた方と共に在り、あなた方が温かい想いでこの神を想うとき、そのとき神はあなた方の心の中に、その愛を広げるのです。

またあなた方はこの神を大いなる神として、あなた方の願いを叶えてくれる対象としてみています。そのことをしてそれは、その心が温かいときのみ叶うのであり、その反対に重い心のとき、その願いは叶わず、むしろその重い心に起因する良くない現象を、受け取ってしまうのです。そのことを先の章の中でも説きましたね。このことはこの神への道の、あなた方がそれとは知らず、最も間違えやすいことなのです。そのようにして、その心を自らの意識でよくコントロールし、その心を温かくし、この神に照らして良い願いであってください。

また心がいつも自然に思い浮かべてしまうことの中で、良くないことが思い浮かんだならば、「アーメン」と唱え、また周りの人に言葉を発するときなど、あなた方は注意して、その言葉が相手を思いやり、その言葉でもって相手を愛で包むようにするのです。そのようにして日々気をつけて、自分の心のコントロールをし、自らの心を自ら創ってゆくのです。

そのようにして神はあなた方の心を見、この神に向かってあなた方が上昇してくることを、うれしとして見ているのです。どうかあなた方、その魂の使命を想い出し、神へと意図して、この神への道を昇って来てください。

そのようにして神はあなた方を常に愛し、また共に在り、あなた方がその心を温かくし、また願いを叶え、その現象界をこの神の愛に添ったものにしてほしいとしています。

そのようにしてこの神は、あなた方の思いの心地よいことを願い、あなた方がその精神の上昇をなし、この神へと上昇することを願うのです。

七　心を温かくし神の愛を受け取る

この神の温かい愛を、あなた方においては実感できません。そのことによりあなた方は、そこで神の存在を居ないものとして、それ以上の神への上昇を止めるのです。このように神への上昇は、あなた方の少しの心の思い方により、またこれまでの思い込みにより、そうであろうとして、またその自分の思いが真実であるはずと、その他を排斥し、そのようになすのです。

そのことについて神は言います。そのあなた方の思いは当然であり、このことを決して責めるものではありません。しかし神への道を説くこの神の本を読み、今までの思い込みの、神に対する思いを新たにしてゆくのです。

またこの神と共に在ることをその心に想い、あなた方はその願いにおいて、温かい想いでこの神の愛の想いに入り、その願いを叶えるのです。そのようにこの神はあなた方と共に在り、その願いを叶え、またあなた方のこの神への上昇を、その心の願いの中にも感じ、いよいよあなた方の明らかなる上昇を見て、神はうれしと想うのです。

またこのところさまざまな争いや事件などが次々と起こり、あなた方はそのことによって神は居ないとして、その心の中をこれまで通り重くしてしまいます。

そのことについて神は言います。それはあなた方が神の愛を受け取れないからです、と。

その争いは人々の思いの、まさに愛を欠いた思いから発したものです。それではこの神の愛は届かず、争いなどを起こす行動は神とは無縁の、まさに愛の無い、あってはならないものなのです。

またこの神の愛を届けるには、あなた方の心が温かくなければ、それは届かないのです。つまりあなた方がこの神の愛をブロックしているのです。

またこの神はその愛を、あなた方に実感として届けるために、その瞑想の中に入るのです。そのことをイメージして、その瞑想をしてください。そしてまたあなた方はその瞑想の願いの実現をもって、この神とのつながりを実感してください。

そのようにこの神とはあなた方にとって近くにあり、その心の中に愛と共に存在をするのです。そのようにしていつも神を想い、その魂の上昇をなしてください。

八　神とは愛そのものなのです

この神の愛の想いであなた方に、誰にもできないこの神とのチャネリングをなし、この本を記しているこのチャネラーのことを知らせたいのです。

この神創世神とは、まさにこの宇宙の創世を成した、神々の中でも最高の次元の神です。その神とチャネリングできる者は、人類の最初から今まで誰一人いなかったのです。つまりこのチャネラーは、人類で初めての、この宇宙創世の神とのチャネリングをなした者です。

このチャネラーはこれまでのことを思い、神の元にたどり着くまでの長く、ゴールも行くべき道も分からないまま手探りで進むしかなく、神とのコンタクトなど取れず、またその愛も知らず、思いはあれどもそのなすべきことが分からず、ただ若い時に受けた天よりの啓示の何であるかを知りたいとし、その一念で進んできたのでした。そのように、ようやくにしてこの神の愛を受け、今ここにこの本を記しているのです。

このように神にたどり着くのも、また神を理解するのも大変に難しいのですが、この現象界におけるあなた方の願いを叶えるとき、神はその愛を見て、その願いをこの現象界に現すのです。そのようにして神の愛とはこの世に現れるものであり、あなた方のその心温かくあれば、それは叶うのです。そのことをもって、この神もその愛を与えたというものです。またあなた方はその愛でこの神を感じ、その思いの温かくそして愛があり、また神に照らして正しいものであれば、その願いは叶うのです。そのようにしてこの神と共に在り、その願いを叶え、この世に神の想いをいっぱいにしてください。

またあなた方の思いが温かいとき、その願いは叶い、また重い心のときその願いとは反対に、重い心からくる良くない現象を受け取ると言いましたね。そのことについてもう少し述べます。

あなた方はその自らの心の思いで、そのように受け取る現象が違うことを、まさか、と思うことでしょう。しかしながらあなた方の願いの愛の想いが、この神の愛の想いと同じであればそれは通じ、その願いが叶うのです。

そのようにしてこの神とは、愛そのものであると分かってください。そしてなおあなた方は、その愛の想いをこの神に向けるとき、その愛を自らにも向けてください。そうすることがあなた方のこの現象界を、良いことで満たすこととなります。

九　神の愛はあなた方の想いと通じるのです

温かい想いで愛がある瞑想の中に、この神は入り、あなた方の願いが叶うのです。そしてそのことで、あなた方のこの神への次元が上がったと思ってください。またあなた方はそのことで、この神の愛を感じ、この神を実感するのです。

またこの神のあなた方への想いをもって、その心の温かいかどうかを見るとしていましたね。そのことについて言います。あなた方の愛はこの神の愛と通じ、それによりあなた方の願いが叶うのです。想いの叶うその愛は、あなた方の心の中にいつもあり、それは生まれる前この神が、あなた方の魂にその愛を与えたのでした。またそのことをしてこの神は、この神の最も深い想いからなる、またあなた方の理解を超えた、魂が神より生まれたまさにその時、神はあなた方に大いなる愛の想いを、この神の印として刻み付けたのです。その愛の想いとは、まさにあなた方がこの神の子であり、また宇宙神の子であり、そのことをあなた方が、決してその道を踏み外さないようにと刻印したものです。

なれどもあなた方は毎日のテレビのニュースなどでは、そのことを忘れ、この神の愛の想いも届かず、この地球上の見るのもつらい、重い心になるニュースを、見ねばならぬとして見、その心をますます重いものにし、またそのことがさらに良くないニュースを創っていることに、気が付いてほしいのです。そのようにあなた方の思いは、この現象界を創る力があるのです。

この神はあなた方のその現象界を、この神の愛でいっぱいにしたいと想い、この愛を受けることのない人々に、なおも愛を与え続けるのです。

しかしその人々の思いは、そのように心が現象界を創るとは、思ってもみないのです。その中でもその心を制御せず、思いのまま悪をなし、まさにその心はこの神の子とは言えず、その神の想いも届かず、その魂はこの神との愛の想いもなく、まさに愛の届かない、この世のものではないものとなってしまった者もいるのです。

この神においてはその愛の届かない者たちを、何とかして救いたいとします。しかしながらその者たちの、そのあまりの思いの、この神の愛を入れようとしないことはいかんともし難く、神は、あなた方にこのことを知らしめるべく書くのです。あなた方はそれは何だと疑問に思うことでしょう。そしてそれはこの神においては言うのもはばかられることなのです。しかしながら今言わねば、その悪をこのまま野放しにすることになるのです。このチャネラーも、そのことを書きたくない、またこの神の本をそのことを書くことにより、汚したくないとして躊躇するのですが、しかしやはり今このことを言わなければ、その悪を駆逐することはできないとします。

あなた方はそのような、あり得ないと思える、まるで映画のストーリーのようなことがあるはずがないと、この本を閉じようとします。このチャネラーもまた書きたくないと思いつつ、ペンを走らせています。この神もまた、愛をあなた方に説き、この神の想いを伝え、その愛があればこそ、やはり言わねばならないことがあるのです。

あなた方はこの地球上でその生を受け、生き、なれども今まで数限りない争いや紛争、また事件など、そのあまりにつらいこの世の事とは思えないことを知り、そのたびに二度とこのようなことが起きないようにと願うのです。なれどもあなた方の願いは届かず、何度も繰り返してしまうのです。

そのことについて神は先に説いたように、心を温かくし愛を創り、そしてこの神を想い、瞑想をしてくださいと、また諭すのです。

そのことによりあなた方は自らも安全で、また争い事もその周りから消えるのです。そのようにまず自らの周りを安全にし、そして次にはそのことを他にも広げるのです。そして、次第にこの地球を愛でいっぱいにするのです。

そしてなおこの神の愛の届かぬ魂たちに、二度と再び、その悪い思いを抱かないようにさせるのです。それにはその魂たちに、ただ愛を与え続けるしかないのです。この神はそのように、その魂たちに愛を与え続けているのです。

あなた方はそれを、この神の仕事とみるかもしれませんが、そうではなく、実はあなた方人類の思いの、全体のマイナスの思いが生んだそのマイナスが、その悪い魂を引き寄せたのです。このことはなかなかに理解できないことでしょうが、この神はそのことを、この神の名においてあなた方に告げます。またあなた方においてはそのことで、この神を疑う者もいるでしょう。しかしながらこの神はさらに言います。

あなた方この神の子らよ、このことを知り、その心のさらなる上昇をして、この神のこの言葉をその魂で聞いてください。そのことはいまだこの地球上では知られてはいません。ただ一部の、神と少しチャネリングができるチャネラーが、この神の言葉を降ろし、その実体を知らせる文を降ろしているのです。そのようにしてこの神の言葉を降ろしている、わずかの短いその文を、この神の文として読んでください。そうしてなおこの本によって、この神の想いをあなた方に、存分に知らしめることができたことを告げるのです。この神においては、まさに心のつかえが下りる思いです。

そのようにしてあなた方においては、この本を神の想いの詰まった本であるとして、その魂で読んでほしいとします。そしてまたあなた方におけるこの神への愛とともに、その心の重い思いを、温かい想いに変え、またその中に愛を創り、この神と同じ想いであってください。そのことによりその魂の上昇をなし、あなた方はこの神へと少し近づくのです。

またこの神の深い願いは、あなた方がこの神の何であるかを、この本にて少し分かり、そしてあなた方自身のことも分かり、あなた方のこの神との間が、そう遠くないものであることを分かってほしいのです。そのことにより、生を生きるにおいて、今までより温かいものになることでしょう。そしてこの神においては、そのあなた方の生を、今までよりもっと注視するのです。このことによりあなた方においては、生きるにおいて、より温かく心地よいものとなり、またその死する時も、この神の愛にその心をゆだねて、安らかに天界へと昇るのです。このようにしてあなた方はこの本により、これからの生と死のその行く道を、安らかなものにできるのです。

十　神とあなた方の愛は同じものです

この神とあなた方は愛であり、神の想いの愛と、あなた方の想いの愛とは同じです。そして神の愛が、あなた方の愛の中に入り、その願いが叶うのです。そのことからこの神は、あなた方の心の愛を創りなさいと説くのです。またあなた方における心の願いを叶えるため、この神はあなた方の愛の中に入り、その想いをこの現象界に現すのです。そのようにして愛が大切であることを説きましたね。

そのことについてあなた方、いまだこの神と出会えぬ者のために、この神の想いを、さらにあなた方に説きます。あなた方は、この神のその名もよく分からず、しかし宇宙の最高次元の神であるという記述を見、まさか、信じられないと思い、その心、信じるとも否とも定まらない思いでいます。

あるいはこの本の記述が、『宇宙神より人類への初めての福音書 正・続編』の、その言わんとすることと同じであるかとして、先の本のただ繰り返しなのかと、読み流している人もいます。

なれどもこの神は言います。真に宇宙創世のこの神が、その固い心にこの神の愛を、水を飲むように沁み込ませたいとします。この神の愛を受けて、あなた方はこの本を繰り返し読み、そのことによりあなた方は、しだいにこの神の愛を感じ、この本を理解でき、そのことをもって次元上昇し、そしてこの本が真実であると確信できるようになることでしょう。

そしてまたあなた方、その想いの温かくまた愛を創り、その想い神にかなう願いであれば、それは叶うのです。またその想いの温かく、神にかなう願いであり、愛があり、かつこの神の想いに照らして、その深い想い、願いが、この神と同じであり、そのことをもって神はあなた方の瞑想の中に入り、その願いを共に叶えるのです。

このようにあなた方の願いは、神と共に叶えるものなのです。あなた方とこの神との、心の想いが同じであり、またそうであるからこそあなた方は、この神の愛を受けることができるということなのです。そのようにしてこの神はいつでもあなた方と共に在り、その心の愛によって願いを叶えるのです。この神の想いによって、あなた方のその心の願いを叶えんとするとき、この神はその愛で叶えるのです。どうかそのことを忘れないでください。そしてなおあなた方は、この神の愛をその心に入れようとし、その心を温かく、なおかつ神にかなった願いを願ってください。そうすればあなた方は必ずや、この神の愛を受け、その願いを叶えることができるのです。

十一　神はあなた方の愛を見て神への上昇を知るのです

この神の想いを聞き、この本の言わんとすることをその愛で感じ、あなた方においては、この神の存在を信じることができると考えるようになった人がいます。神はその人たちにさらに言います。そのことをしてあなた方の次元が上がったのです、と。

そのように次元を上げるとは、難しいことではないのです。またその次元を上げることにより、あなた方はその次のステップも上がりやすくなるのです。そのようにして次元を上げるとは、ほんの少しの心のありようでできることなのです。

この神は、あなた方、まだこの神とつながっていない人たちのために言います。あなた方のその愛を、この神へと意識すれば、神はあなた方をその愛で包むのです。そのことからこの神の愛を受けるとは、あなた方の想いひとつでできることであり、決して不可能ではありません。

またそのようにこの神の愛を受け、その心安らいで、また愛の深いことにより、神はその魂を、この神の愛でさらに包むのです。この神は、あなた方の神へと昇ることを、その愛の想いで知るのです。

またこの神は、あなた方の想いが、この神への愛とともに、その願いの神に照らして正しいかどうかを見るのです。そのことを何度も言いましたね。あなた方にこの言葉を、その魂に刻み付けてほしいとし、神はこのことがあなた方の魂に刻み付けられるまで、このように降ろし続けるのです。

そのようにこの神への道は、その上昇は、ほんの少しの心の思い方でできることなのですが、しかしそれをしなければ、それは上昇することができないのです。このようにしてあなた方、この神への道を上昇することは、とてもできないことではなく、むしろシンプルな言葉で表されることゆえ、なおさらに信じがたく、あなた方は本気に取り組めないのです。そのようにして、この神への道はシンプルにしてかえってなし難く、あなた方はなかなかにこの道を歩けないのです。

十二　神の想いとは愛なのです

あなた方の願いの中でも、その心のはっきりしない願いについては、この神はやはりその願いを叶え難いのです。そのことはその心が、するかしないか迷っているゆえに、神も現象界に現すことができないのです。またあなた方はその願いを、自分にはできないと否定し、その心の思いを打ち消してしまうのです。

そのことについて、願いを叶えようとするなら、あなた方がその意思をこの神に向けて、神の元に届けようと、その想いを願うのです。そのようにしてこの神は、あなた方のその言葉や、また強い意志をみて、その願いの実現をさせるべく、この神の想いを込めて愛をその事柄に与えるのです。

この神の愛とは、まさにあなた方への想いの、何とかしてその願いを叶えてあげたいという、神の想いなのです。そのことであなた方は気が付いたでしょう。つまりこの神の愛とは「想い」なのです。その言葉はとてもシンプルで、そのことを文字で書くと、何のことか分からないほどです。しかしこのように言葉を尽くして、その心の深い想いを伝えると、あなた方にも分かりやすいとして、このように言葉を降ろすのです。

また神は告げます。深い魂の愛があなた方の心にあり、この神の愛とは想いなのである、という言葉をその心に刻んでください。そしてあなた方はこの言葉をいつも想い、そのことを忘れずにいてください。そうすることがこれからのあなた方、この神へと昇るにおいて、その道を温かいものにし、なおかつ安全で安らかなものにするのです。

またこの神はあなた方の願いを、その心の愛を見て判断するとしましたね。そのことについて話します。あなた方はその心に愛を創るとは、どういうことかと思うでしょう。愛を創るとは、あなた方自身の胸に愛があると感じることです。その愛とはその胸の想いで心が温かく、そして願いとともにさらに膨らむような感覚となり、その想いが大きく広がるような、そしてそのことが必ず実現すると確信し、またその願いの叶ったイメージをし、そして終了するのです。そのことにより願い事が叶うのです。そのようにしてあなた方は、この神の言葉をその心に刻み、そして実行し、それが現実のこととなるよう、その愛を受けてください。

十三　今までの人類とは違う新たな人類へ

あなた方の心の心地よくあることを、あなた方は大切に思っています。神はその心地よくあるために、この神の愛を与えるのです。またその愛をあなた方が受けるためには、この神への愛とともに、温かい想いを自らの心に、祈りの想いとして創るのです。

またこの神の想いにおいて、あなた方にこの神の想いそして愛を届けるべく、あなた方の愛の中に入るのです。そのようにして、この神はあなた方とつながるのです。そのことについてさらに言います。

その愛の中に神が入る時、あなた方は、神があなた方の中に入ることを分かる瞬間があるのです。それは、あなた方の心の温かくなったときなのです。そのようにして神を感じ、またあなた方の心の状態が温かく穏やかで、心地よい瞑想状態にあり、この神の想いと通じることにより、あなた方の心に入ることができるのです。

そのようにして、この神とつながることは簡単にできるのです。あなた方はこの神とのその愛のつながりは、とても簡単だとし、やってみようと思い、その想いをこの神に向け、また心温かくせんとし、さらにこの神の入った瞬間を知りたいとし、その心を集中して、その瞑想をなしています。

そのことを神はうれしく、これまでの人類の歴史に無い、この神にとって新たなこの地球人類の、この神へと昇る一歩であり、このことにより人類は大きな転換点にあるとします。

あなた方、この神とのつながりを得て、今までこの神とつながることのできなかった人類の、これからのその心は、まさに今までと違う次元の上昇をなし、このことによりこれまでと違う心のあり方となり、あなた方はその想い、穏やかで他を思いやり、また愛がいつも心にあり、それをこの神と、また心地よいと想えることに、またその愛の想いを他に与えることに向けてください。

そのようにしてあなた方は、この愛を中心としてすべてのことを想ってください。あなた方にそのような想いは、これまで無かったことでしょう。しかしこの神の本を読み、その思いのこれまでの間違いに気づいたことでしょう。あなた方はその間違いを正し、その心をこの神の説くところのものにしてください。

そのことによりあなた方は今までの人類とは違う、新たな人類へと向かうこととなります。またその人類の、この神へと昇る行程において、その道を容易ならしめるものです。そのようにしてこの神は、あなた方にこのことを告げ、あなた方のこれからの行く道を照らすのです。またこの神の言葉を、あなた方のこれからの指針として歩いてください。そのことによりあなた方は、この神へと歩みを進めることができるのです。

そしてあなた方人類は、この地球上でその生命を存続できるとします。そのようにしてこの神はあなた方に、この章にてあなた方への愛をもって、その存続に関わる、真にこの神の想いの、最も告げたきことを今このように告げたのです。

十四　神への上昇を次元上昇というのです

この神の想いを与えます。あなた方の思いが遠く、神を実感はできないが深く知りたいと思っていることについて、神はさらに告げます。

あなた方は想いの中にこの神が入ることを、その時に分かりたいとして、神のことを想い、また心を温かくし、想いを願い、そのようにして神を感じたいと待っています。

またその時にその深い祈りの中に愛を入れんと、懸命にその心を愛で満たそうとしています。そのことについて神は思うのです。そのように疲れるほどの願いは、かえってマイナスなのです。あなた方のその心軽く、この神への愛の心地よく、また温かくこの神を想ってください。

そのようにしてあなた方は、その愛をこの神に向けてください。この神のこの深い想いからくる愛のあり方を、あなた方はなかなか理解ができません。このように神の言葉を降ろした本を見て、この神の想いを知り、その直接の神の言葉に触れ、その心、ある者はこの神の真に存在することを確信し、またある者は、いまだその心、神は居るはずがないとして、その心の扉を閉ざしているのです。

そのようにしてその思いの異なることを、次元の違いというのです。あなた方がその次元の何かが分からないことについて、その次元を神は説きます。

次元、あなた方がその言葉を聞くと、自分は高い次元にあると思いたいのです。そしてまたそのことにより優越感を感じ、満足するのです。また反対に低い次元にあると言われたならば、それはこの本を閉じ、この本の攻撃をするのです。あなた方そのようにして自らのこの現象界を、人に批判などされず、また悪いものを寄せつけず、正しいと言われることをして歩いてきたのだと、その次元の低いと言われたことに対して、憤慨するのです。

しかしながら次元とは、この神のあなた方への愛であり、その魂の成長をのみ願い、そしてまたそのために、神が人類へ刻んだ心のシステムが、まさにこの神の愛であり、あなた方がこの神へと必ず昇るようにと、またその心を見ることができるようにとして、神はこの次元を想ったのでした。

あなた方はこの神の刻んだ心のシステムを知り、また行い、そのことによりこの神のその深い愛を知り、この神と通じ、また愛し、そのことにより次元を上げるということになるのです。あなた方はそのことを想い、この神の真意をくみ取ってください。

十五　あなた方の愛の中に神は入るのです

この神はこの深い愛の想いを、あなた方に届けたく、このようにしてこのチャネラーとチャネリングをなし、この想いをあなた方に伝えようとしています。

またあなた方がその想いを願うとき、その心地よい想いの中でこの神につながることを、その愛の中で感じてほしいのです。そのようにしてあなた方が、この神とつながることは遠いことではなく、あなた方の想いだけでできるのです。そしてなおあなた方が神とつながることにより、神はあなた方の愛の中に入るのです。そのことにびっくりもし、また、まさかとも思い、そのことをにわかには信じられないとしています。

しかしこの神は言います。あなた方、この神のこの世を創るにおいては、まさに想いのみで、この宇宙を創ったのです。そのことをあなた方は、絵空事のように思うでしょう。しかしながらこの神は、その想いを集中し、この世ありなんとし、この宇宙を創ったのでした。そしてまた宇宙神においても、あなた方の魂を創ったのです。そのようにしてあらゆる事象は、想いより創られているのです。

またあなた方の魂はこの神との愛でつながり、その心の想いにより、あなた方はこの神への上昇をするのです。そのようにしてこの神とあなた方は、その想いでつながっており、この神の愛と、あなた方の愛は、まさに同じなのです。想いとは愛であり、その愛は想いなのです。このようにその想いと愛は同じものなのです。そのようなことからあなた方は、その心を温かく、愛を創り、また愛を広げ、その瞑想の中に神が入ることを感じてください。

十六　人に愛を広げる

あなた方はこの神のこの本を手に取り、そして読み、これまでの思いとは違ったこの文を目にしています。神はあなた方にそのことについて言います。

そのようにこの現象界のあなた方の思い込みが、神とは隔たりのあることにあなた方が気付き、この本のこの神の説くところにより、これまでの思いの間違いに気付き、またその心、神につながりたいとして瞑想し、また愛をその心に創り、神のその中に入るを分かりたいとし、そのようにしてこの神を想っています。

またあなた方は、神の愛を受けたいと想い、その心にこれまでに無かった神の存在を、人に話すのです。この神は、そのように、このことを知らない人に広めてほしいとします。

そしてこの神と神の説くこの本が、世界中の人に知られ、また読まれ、その神の想いに照らした人々の想い、行動が、この世を今までと違った温かいものにしてゆくことを願い、神はこの愛を、あなた方、この神の本を人に広めんとする人の、その深い心の想いに与えるのです。

また人に広めようとするとき、この本を読んでいない人に、この本の主旨を語るのは難しく、また誤解され、人には伝わりにくいのです。そのことからあなた方は、この本を読んでみるようにと、人に薦めるのが良いとします。そのことによりあなた方は、その心乱されず、また相手にもこの本を読むという、まさにその人が神へと昇る、その人にとって魂の神に上昇できる、またとない機会を与えたこととなります。

そのようにしてあなた方が、この神の本をその手元に置き、その内容を実行し、また人にも広げ、あなた方の神へと昇るその愛を、神はうれしとし、あなた方に愛を与えるのです。

あなた方はこの神の愛を受け、自らの次元上昇をなし、またその人に与える愛の、その愛の深さは自らへの愛よりも深く、またその大きさは大きいのです。つまりあなた方は自らの愛だけではなく、他の人にも愛を与えることにより、その愛の容量は大きくなり、そしてそれにより、自らの心が創る願いの叶うことにおいても、容易となるのです。

その愛であなた方、この神へと歩みを進めてください。

十七　この宇宙はプラスとマイナスとのせめぎ合いなのです

意識の混沌としたこの天と地の境目において、あなた方人類はその生をつないでいます。この神の祈りは、あなた方がその生を営み、またこの神へと上昇し、その後、この神とまた宇宙神とひとつになることを願うのです。そのために、いったいどれほどの会えない時間が必要なのでしょうか。

またあなた方におけるこの神への愛について、いつも愛であり続けることもまた、確定はしていないのです。そのことについて話します。先に言ったように、この神にあなた方魂が上昇し、そして神とあなた方がひとつになり、そのことによりあなた方の魂のその愛、つまりプラスの愛が増え、ということはこの宇宙の愛のエネルギーが増え、その分だけ悪の量は小さくなるのです。

そのようにこの宇宙は、プラスとマイナスとのせめぎ合いなのです。それをあなた方は、ありえないと笑うことでしょう。しかしそれは事実なのです。

またあなた方この神より生まれた生命の、その本来の想いは愛であり、しかしその思いにより、ときに悪となることもあるのです。そのようにどちらにもなる思いは、この神は、この愛の中に取り入れたいのです。

またその悪について、この神の想いは、この地球に悪の取り付く島を無くしたいとします。このことをあなた方は、その悪とは、この地球人類のマイナスの思いから出たものではないか、と思うでしょう。そのマイナスの思いの悪の中のとどまることのない思いがさらなる悪となり、またその悪を他の思いに、悪の広がることを目的として、そこに取り憑くのです。そのことをしてあなた方は、他の思い、とは何のことかと思ったでしょう。それはつまり、あなた方の中で悪をなす者のことです。あなた方はこの現象界のテレビのニュースの中で、今まで多くの悪をなす者を見てきたでしょう。それらの者の中には、すでに悪が取り憑いて、その行動を起こしている者もいるのです。そのことをその者は知りません。そのように悪は目に見えず、悪をなす者のその思いに取り憑いている、まさに肉体のない、そしてその悪の思いのとどまることのないその生命体を悪魔と呼ぶのです。

さらに神は言います。その悪が取り憑いて良くない行動をしているものの、しかしながらこの神から見れば、もとはこの神の魂の子であり、その魂の何とかして、この神の愛の中に還るようにと、この神の愛を送り続けているのです。そのようにして愛を送ることにより、さらなる下降を防ぎ、そしてやがてこの神へと還るようにと、神は想うのです。

そのようにしてあなた方、たとえ道を外した者といえど、その魂の中にこの神の愛が刻んであり、そのことを心に留めて、その者に愛を送り続けてください。そうすることにより、その者もやがて愛に還ることができるのです。またその取り憑いている悪とは、実はこの地球のものではなく、つまりこの宇宙を漂っている、まさにマイナスの強い、遠くの星の住人であった生命体なのです。そのようにしてあなた方は、その悪を恐れるのではなく、その愛を与え続けることにより、悪を消し、そのことによってその魂は、いつの日かこの神に還る日が来るのです。

そしてなおあなた方は、今はこの神の愛に包まれており、その愛を想い、その愛の想いをこの現象界のすべてに広げてください。そのようにこの神はあなた方に話し、そのことによりあなた方は恐れも抱き、しかし愛を与え続ければ、やがて神に還ることを知り、安堵もするであろうとします。この神はそのように愛と悪を話し、両極端のその思いは、やはり意識からなるものであり、あなた方の意識の持ち方が大切であることを、その愛のためにここに告げるのです。

十八　あなた方の魂に神の印の愛が刻まれているのです

その心に愛を創り、深い心の願いをあなた方は祈り、その願いを神と共にこの現象界に現し、そのことによってこの神は、この宇宙のその愛を、何とかして増やしたいとしています。そのことであなた方のその心に、疑問が湧いてきます。そのことについて神は話します。あなた方は愛を創ることにおいて、まさか自分たちの意識で、宇宙の愛を創ろうとは思ってもいなかったのです。しかしこの神の愛とともに、この広い宇宙を愛でいっぱいにすることについて、人々の心の想いの愛が必要であると知るのです。そしてあなた方の愛の想い、また温かい想いがこの神に届き、この神はその愛の容量を増すのです。

あなた方はそのことを知り、その祈りを温かいものにせねばと、今決心しました。そのことでまた神は、あなた方に愛を送るのです。あなた方はその神の愛に感謝し、それがまたあなた方の愛を創るのです。そのようにして神はこの愛で、その深い心の想いの祈りを叶え、またその心の温かい想いが、この神に届くことによって、この神はさらに愛を与えるのです。

あなた方へのこの神の心の想い、願いは、あなた方がその深い心の願いを、その心にしっかりと想い起こしてくれることです。しかしその思い遠く、この神といまだ出会えない人々は、そのことを思い出しもしないのです。そのことを神は話します。

あなた方はこの本をこれまで読み、神の何かを少し分かり、また自らのことも少し分かりました。そのことによりあなた方の、深い心の願いを想い起こし、その心にいつも想い、そのことでその心の祈りの叶うことを想ってください。そしてそれは同時に、あなた方の次元上昇となるのです。

またあなた方はその心、神に祈り、そしてその願いが叶うことにより、この神はあなた方に愛を、またあなた方はこの神に感謝をし、その愛の想いで、さらに神はあなた方に愛を与えるのです。そのように愛を循環させ、その愛の容量を増やしてゆくのです。

あなた方、そのことをなおもまだ理解し難く、神はさらに話します。

あなた方のその思いの中には、今までの思い込みがぎっしり詰まっており、この神の

鳥影社出版案内

2024

イラスト／奥村かよこ

choeisha

文藝・学術出版 鳥影社

〒160-0023 東京都新宿区西新宿 3-5-12 トーカン新宿 7F

TEL 03-5948-6470 FAX 0120-586-771（東京営業所）

〒392-0012 長野県諏訪市四賀 229-1（本社・編集室）

TEL 0266-53-2903 FAX 0266-58-6771 郵便振替 00190-6-88230

ホームページ www.choeisha.com ウェブストア choeisha.stores.jp

お求めはお近くの書店または弊社（03-5948-6470）へ

弊社へのご注文は 1000 円以上で送料無料です

＊新刊・話題作

解禁随筆集
笙野頼子

発禁から解禁へ。一つの判決が出るとこのような本はもう出せなくなるかもしれない。今ならまだ書けるぎりぎりまでを書いた。　2200円

東京六大学野球人国記
激動の明治、大正、昭和を乗り越え1世紀
（2刷）
丸山清光

1世紀に及ぶ人間模様をかつての名選手が著す。6大学の創成期1世紀分のメンバー表など膨大なデータも収載した決定版。　2970円

さようなら大江健三郎こんにちは
（日経新聞等で紹介）
司　修

長年、大江作品の装丁を担当した著者が知られざるエピソード、書簡、対談などを交え、創作の背景とその心髄に迫る。　2420円

奇跡の女優 芦川いづみ
（読売新聞、週刊読書人、キネマ旬報で紹介）
（2刷）
倉田　剛

引退から半世紀以上。未だに根強い人気を誇る彼女の出演全映画作品を紹介し、貴重な写真を多数収録したファン必見の一冊。　2970円

舞台の上の殺人現場
「ミステリ×演劇」を見る
日本推理作家協会賞候補作
麻田　実

ホームズ、クリスティから、現代社会の謎の深淵まで〝ミステリ演劇〟の魅力のすべてがこの一冊にちりばめられている！　1980円

「空気の研究」の研究
ゲーム理論と進化心理学で考える大東亜戦争開戦と御聖断のサイエンス
金澤正由樹

「空気」は理論的に説明できる！　終戦の御聖断は3回あった！　開戦の理由は誰もが知っていた！　対日石油全面禁輸の意外な真相とは？　1650円

夜を抱く
佐藤洋二郎

作者の実人生と重なる登場人物達の、逞しくも苦い哀しみと愛おしさに満ちた、二つの物語。　1980円

親子の手帖〈増補版〉

増補にあたり村井理子さんの解説と新項目を追加収録。全体の改訂も行った待望のリニュー

デーファ劇映画大事典
東ドイツ製作劇映画の全記録
1946〜1993年
F・B・ハーベル 著　山根恵子 監訳

壁の向こうにもハリウッドがあった！　デーファ製作の劇映画を網羅。貴重なスチール写真も満載。

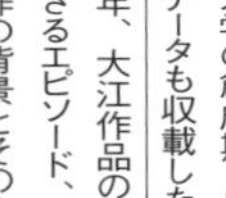

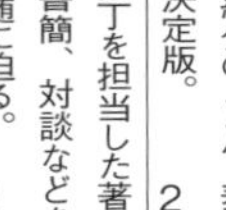

B5判変形・上製　1194頁　上・下巻セット　2万9700円

マリーア・ズィビラ・メーリアン
スリナム産昆虫変態図譜1726年版
岡田朝雄・奥本大三郎 訳　白石雄治・製作総指揮

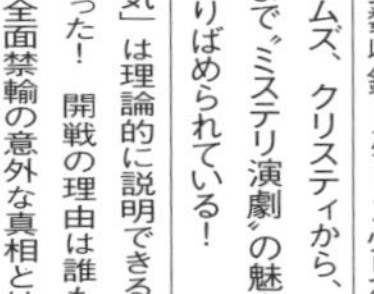

A3判・上製　世界限定600部
3万5200円

純文学宣言
季刊文科25〜98
（61より各1650円）
〈編集委員〉伊藤氏貴、勝又浩、佐藤洋二郎
富岡幸一郎、中沢けい、松本徹、津村節子

新訳金瓶梅（全三巻予定）

田中智行訳（朝日・中日新聞他で紹介）

金瓶梅。そのイメージを刷新する翻訳に挑んだ意欲作。詳細な訳註も。各3850円

ヴィンランド

ジョージ・マッカイ・ブラウン著
山田修訳

北欧から北米へ海と陸をめぐる大冒険。波乱に富んだ主人公の一代記。11世紀北欧の知られざる歴史物語。 2750円

スモッグの雲

イタロ・カルヴィーノ著　柘植由紀美訳

樹上を軽やかに渡り歩く「ペンのリス」、カルヴィーノの一九五〇年代の模索がここにも。他に掌篇四篇併載。 1980円

キングオブハート

G・ワイン・ミラー著　田中裕史訳

心臓外科の黎明期を描いた、ノンフィクション。彼らは憎悪と恐怖の中、未知の領域へ挑んでいった。 1980円

四分室のある心臓

アナイス・ニン著　山本豊子訳
（図書新聞で紹介）

生誕120年記念。愛そのものは人生が続いていくようにとぎれない。
松尾真由美氏推薦。 2420円

メスメリズム—磁気的セラピー—

フランツ・アントン・メスマー著
ギルバート・フランカウ編　広本勝也訳

催眠学、暗示療法の祖、メスマーの生涯と学説。スピリチュアル・サイコロジーの概略も紹介している基本文献。 1980円

イーグル・クロー作戦

在イラン・アメリカ大使館人質事件の解決を目指した果敢な挑戦
J・ウィリアムソン著　影本賢治訳

拉致問題解決のために知るべき事実。人質救出作戦によって示されたアメリカ人の決意と覚悟。 2200円

アルザスワイン街道

—お気に入りの蔵をめぐる旅—
森本育子（2刷）

アルザスを知らないなんて！　フランスの魅力はなんといっても豊かな地方のバリエーションにつきる。 1980円

佐藤康彦

第一巻　優等生、バルバラ、立身出世
サヴォイホテル、曇った鏡　他
第二巻　ヨブ・ある平凡な男のロマン
タラバス・この世の客
第三巻　殺人者の告白、偽りの分銅・計量検査官の物語、美の勝利
第四巻　皇帝廟、千二夜物語、レヴィアタン（珊瑚商人譚）
別　巻　ラデツキー行進曲（2860円）
四六判・上製／平均480頁　4070円

カフカ、ベンヤミン、ムージルから現代作家にいたるまで大きな影響をあたえる。

ローベルト・ヴァルザー作品集

新本史斉／若林恵／F・ヒンターエーダー＝エムデ 訳

1　タンナー兄弟姉妹
2　助手
3　長編小説と散文集
4　散文小品集Ⅰ
5　盗賊／散文小品集Ⅱ
四六判、上製／各巻2860円

詩人の生　新本史斉訳（1870円）
絵画の前で　若林恵訳（1870円）
微笑む言葉、舞い落ちる散文　新本史斉著
ローベルト・ヴァルザー論（2420円）

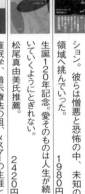

＊歴史

小説 山紫水明の庭
七代目 小川治兵衛
日本近代庭園の礎を築いた男の物語　中尾實信

平安神宮神苑、無鄰菴、円山公園を手がけ、近代日本庭園を先駆した植治の生涯を丹念に描く長編小説1700枚。　4180円

善光寺と諏訪大社
神仏習合の時空間
長尾 晃

一五〇年ぶりの同年開催となった善光寺の「御開帳」と諏訪大社「御柱祭」。知られざる関係と神秘の歴史に迫る。　1760円

古代史サイエンス
DNAとAIから縄文人、邪馬台国、日本書紀、万世一系の謎に迫る（3刷）　金澤正由樹

最新のゲノム、AI解析により古代史研究に革命が起こる！　ゲノム解析にAIを活用した著者の英語論文を巻末に収録。　1650円

五島列島沖合に海没処分された潜水艦24艦の全貌
浦 環　（二刷出来）

日本船舶海洋工学会賞受賞。実物から受けるオーラは、記念碑から受けるオーラとは違う。実物を見よう！　3080円

幕末の大砲、海を渡る
—長州砲探訪記—
郡司 健　（日経新聞で紹介）

連合艦隊に接収され世界各地に散らばった長州砲を追い求め、世界を探訪。二〇年にわたる研究の成果とは。　2420円

民族学・考古学の目で感じる世界
—イスラエルの自然、人、遺跡、宗教—
平川敬治

民族学・考古学の遺跡発掘調査のため、約40年間イスラエルと関わってきた著者が見て感じた、彼の地の自然と文化が織りなす世界。　1980円

天皇の秘宝
—さまよえる三種神器・神璽の秘密—
深田浩市

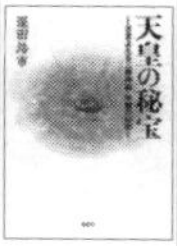

二千年の時を超えて初めて明かされる「三種神器の勾玉」衝撃の事実！　日本国家の祖、真の皇祖の姿とは!!　1650円

西行 わが心の行方

季刊文科で「物語のトポス西行随歩」として十五回にわたり連載された西行ゆかりの地を

小説木戸孝允
—愛と憂国の生涯—
中尾實信　（2刷）四民平等の近代国家を目指した生涯を描く大作。　上・下　各3850円

浦賀与力中島三郎助伝
木村紀八郎
幕末という岐路に先見と至誠をもって生き抜いた最後の武士の初の本格評伝。　2420円

軍艦奉行木村摂津守伝
木村紀八郎
若くして名利を求めず隠居、福沢諭吉が終生敬愛したというサムライの生涯。　2420円

フランク人の事蹟
第一回十字軍年代記
丑田弘忍訳　第一次十字軍に実際に参加した三人の年代記作家による異なる視点の記録。　3080円

大村益次郎伝
木村紀八郎
長州征討、戊辰戦争で長州軍を率いて幕府軍を撃破した天才軍略家の生涯を描く。　2420円

魚食から文化を知る
平川敬治
—ユダヤ教、キリスト教、イスラム文化と日本
日本に馴染み深い魚食から世界を考察。　1980円

天皇家の卑弥呼
（三刷）深田浩市
倭国大乱は皇位継承戦争だった!!　文献や科学調査から卑弥呼擁立の理由が明らかに。　1650円

新版 日蓮の思想と生涯
須田晴夫
日蓮が生きた時代状況と、思想の展開を総合

Y字橋
（週刊新潮等で紹介）
佐藤洋二郎

の作品集。これこそが大人の小説。小説家・藤沢周氏推薦。 1760円

地蔵千年、花百年（3刷）
柴田 翔（読売新聞・サンデー毎日で紹介）

芥川賞受賞『されど われらが日々―』から約半世紀。約30年ぶりの新作長編小説。戦後からの時空と永遠を描く。 1980円

女肉男食 ジェンダーの怖い話
（夕刊フジ、週刊読書人等で紹介）
笙野頼子

辞書なし翻訳なし併読なしでそのまま読めば判る。TERFとして追放された文学者笙野頼子による、報道、解説、提言の書。 1100円

笙野頼子発禁小説集（2刷）
（東京新聞、週刊新潮、婦人画報等で紹介）
笙野頼子

多くの校閲を経て現行法遵守の下で書かれた難病、貧乏、裁判、糾弾の身辺報告。文芸誌掲載作を中心に再構築。 2200円

出来事（2刷）
吉村萬壱（朝日新聞・時事通信ほかで紹介）

季刊文科62～77号連載「転落」の単行本化 芥川賞作家・吉村萬壱が放つ、不穏なるホンモノとニセモノの世界。 1870円

くたかけ
小池昌代（日経新聞、週刊読書人等で紹介）

海辺の町に暮らす三世代の女たち。一家にからみつく奇妙な男。男の持ち込んだ三羽の鶏。彼は宗教者か犯罪者か……。 2200円

まれねこ
寺村摩耶子（図書新聞で紹介）

失われた足跡を求めて―。九〇年代後半の東京。築二〇年の庭つき古アパート。そこには内と外を行き来する猫たちがいた―。 1980円

紅色のあじさい
津村節子 自選作品集
（読売新聞で紹介）
津村節子

「季刊文科」に掲載されたエッセイを中心に、大河内昭爾との対談、自身の半生を語った中沢けいとの対談なども収録。 1980円

〝古田織部三部作〟
久野 治（NHK、BS11など歴史番組に出演）

新訂 古田織部の世界 3080円
千利休より古田織部へ 2420円
改訂 古田織部とその周辺 3080円

そして、ニューヨーク 私が愛した文学の街
鈴木ふさ子 文学、映画ほか、この街の〝魅力の秘密〟に迫る。（2刷） 2090円

百歳の陽気なおばあちゃんが人生でつかんだ言葉
佐藤洋二郎 1540円

空白の絵本 ―語り部の少年たち―
司修 広島への原爆投下による孤児、そして幽霊戸籍。平和への切なる願い。 1870円

創作入門―小説は誰でも書ける
小説を驚くほどよくする方法
奥野忠昭 1980円

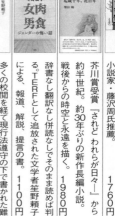

＊ドイツ語圏関係他

詩に映るゲーテの生涯〈改訂増補版〉
柴田 翔

小説を書きつつ、半世紀を越えてゲーテを読みつづけてきた著者が描く、彼の詩の魅惑と謎。その生涯の豊かさ。　1650円

ルイーゼ・リンザーの宗教問答
——カルトを超えて
中澤英雄 訳

カルトの台頭がドイツ社会を揺るがしていた頃、著者は若者たちに寄り添い、「愛」と「理性」の道しるべを示した。　1980円

ヴィレハルム ティトゥレル 叙情詩
ヴォルフラム・フォン・エッシェンバハ 著
小栗友一 監修・訳

キリスト教徒と異教徒間の戦いを、両方の視点から重層的に描いた「ヴィレハルム」は、優れた十字軍文学として、今日的価値を持つ。　4180円

リヒテンベルクの手帖
ゲオルク・クリストフ・リヒテンベルク著
吉用宣二 訳

18世紀最大の「知の巨人」が残した記録、本邦初となる全訳完全版。Ⅰ・Ⅱ巻と索引の三分冊。　各8580円

光と影
ハイデガーが君の生と死を照らす！
村瀬 亨

河合塾の人気講師によるハイデガー『存在と時間』論を軸とした、生と死について考えるための哲学入門書。　1650円

ニーベルンゲンの哀歌
岡崎忠弘 訳　（図書新聞で紹介）

『ニーベルンゲンの歌』の激越な特異性とその社会的位置を照射する続篇『哀歌』。待望の本邦初訳。　3080円

グリム ドイツ伝説選
暮らしのなかの神々と妖異、王侯貴顕異聞
鍛治哲郎 選訳

グリム『ドイツ伝説集』の中から神や妖異、王や国々にまつわる興味深く親しみやすいこれだけは読んでほしい話を選ぶ。　1980円

グリム ドイツ伝説集〈新訳版〉

グリム兄弟の壮大なる企て。民族と歴史の襞に分け入る試行、完全新訳による585篇と関連

ゲーテ『悲劇ファウスト』を読みなおす 新妻 篤
ゲーテが約六〇年をかけて完成。著者が明かすファウスト論。　3080円

ギュンター・グラスの世界 依岡隆児
つねに実験的方法に挑み、政治と社会から関心を失わなかったノーベル賞作家を正面から論ずる。　3080円

グリムにおける魔女とユダヤ人 奈倉洋子
——メルヒェン・伝説・神話——
グリムのメルヒェン集と伝説集を中心にその変化の実態と意味を探る。　1650円

フリードリヒ・シラー美学＝倫理学用語辞典 序説
ヴェルンリ／馬上 徳 訳　難解なシラーの基本的用語を網羅し体系化をはかり明快な解釈をほどこし全思想を概観。　2640円

新ロビンソン物語 カンペ／田尻三千夫 訳
18世紀後半、教育の世紀に生まれた「ロビンソン・クルーソー」を上回るベストセラー。　2640円

東方ユダヤ人の歴史 ハウマン／平田達治・荒島浩雅 訳
その実態と成立の歴史的背景をこれほど見事に解き明かしている本はこれまでになかった。　2860円

ポーランド旅行 デーブリーン／岸本雅之 訳
長年にわたる他国の支配を脱し、独立国家の夢を果たしたポーランドのありのままの姿を探る。　2640円

ヘーゲルのイエナ時代 完結編 松村健吾
——『精神の現象学』の誕生——

ジョージ・セル 音楽の生涯
マイケル・チャーリー著　伊藤氏貴訳
（週刊読書人で紹介）

料と関係者の生証言に基づく破格の評伝。音楽評論家・板倉重雄氏推薦。　4180円

塹壕の四週間
あるヴァイオリニストの従軍記
フリッツ・クライスラー著　伊藤氏貴訳

伝説のヴァイオリニストによる名著復活！　偉大な人格と情緒豊かな音楽に結びついた極限の従軍体験を読み解く。　1650円

ジョルジュ・ブラッサンス
―シャンソンは友への手紙―
F・トレデズ著　緒方信雄訳　高岡優希監訳

フランスの国民的シャンソン歌手、待望の評伝が本邦初訳！　現地の有名ジャーナリストによるファン待望の一冊。　2200円

フランスの子どもの歌Ⅰ・Ⅱ
50選 ―読む楽しみ―
三木原浩史・吉田正明（Ⅱより共著）

フランスに何百曲あるかわからない子どもの歌から50曲を収録。うたう・聴く楽しみとは、ひと味違う読んで楽しむ一冊。　各2200円

モリエール傑作戯曲選集 1～4
柴田耕太郎訳

現代の読者に分かりやすく、また上演用の台本としても考え抜かれた、画期的新訳の完成。　各3080円

インゴとインディの物語Ⅰ・Ⅱ
大矢純子作　佐藤勝則絵

黒板の妖精インゴとインディとあまえんぼうのマーニの物語。　各1650円

科学捜査とエドモン・ロカール
フランスのシャーロック・ホームズと呼ばれた男
ジェラール・ショーヴィ著　寺井杏里訳

ロカールがいなければ、あのテレビドラマも誕生しなかったかもしれない？　科捜研の礎を作った男の生涯を描く。　2860円

雪が降るまえに
A・タルコフスキー／坂庭淳史訳（二刷出来）

詩人アルセニーの言葉の延長線上に拡がっていた世界こそ、息子アンドレイの映像作品の原風景そのものだった。　2090円

最晩年の芸術と魂の解放
1967～69年の音楽活動の検証を通じて　2365円

ヴィスコンティ　若菜 薫
「郵便配達は二度ベルを鳴らす」から「イノセント」まで巨匠の映像美学に迫る。　2420円

ヴィスコンティⅡ　若菜 薫
高貴なる錯乱のイマージュ。「ベリッシマ」「白夜」「前金」「熊座の淡き星影」　2420円

アンゲロプロスの瞳　若菜 薫
『旅芸人の記録』の巨匠への壮麗なるオマージュ。（二刷出来）　3080円

聖タルコフスキー　若菜 薫
「映像の詩人」アンドレイ・タルコフスキー。その全容に迫る。　2200円

感動する、を考える　相良敦子
NHK朝ドラ（ウェルかめ）の脚本家による斬新な「感動」論。　1540円

永田キング　澤田隆治
今では誰も知らない幻の芸人の人物像に、放送界の名プロデューサーが迫る。　3080円

宮崎駿の時代 1941～2008　久美 薫
宮崎アニメの物語構造と主題分析、マンガ史からアニメ技術史まで宮崎駿論一千枚。　1760円

＊実用・ビジネス・ノンフィクションほか

経営という冒険を楽しもう 1～5巻
仲村恵子

中小企業経営者が主人公の大人気のシリーズ。経営者たちは苦悩と葛藤を、仲間たちと乗り越えてゆく。　各1500円

一事入魂 増補版 なんとかせい！
島岡御大の10の遺言
丸山清光

御大の下で主将・エースとして東京六大学野球の春秋連覇、神宮大会優勝を果たした著者が語る、その人物像と秘話。　1980円

オートバイ地球ひとり旅　松尾清晴
アメリカ大陸編／ヨーロッパ編／中央アジア編
アジア・オーストラリア編／アフリカ編
（全七巻予定）

19年をかけ140ヵ国、39万キロをたったひとりで冒険・走破した〝地球人ライダー〟の記録。　各1760円

長期化・重症化させない！
新型コロナ後遺症に向き合う（2刷）
邦和病院 和田邦雄／中川学

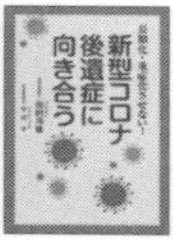

コロナ後遺症1500人以上の患者を直接診療治療してきた、第一線の医師による本質に迫る待望の一冊。　2150円

犬とブルース
Sentimental Blues Boy
大木トオル著　小梶勝男編

アメリカに唯ひとり戦いを挑んだ伝説のミスターイエローブルース。読売新聞『時代の証言者』好評連載の自叙伝を書籍化。　1980円

日本で一番「早く」「簡単に」「エンドレスで」
業績を上げる人事制度
松本順市

松順式人事制度とは、評価と賃金が完全に一致するので社員に説明できる。全ての社員が成長するので会社の業績が向上できる。　1980円

語根主義による
現代アラビア語辞典
田中博一

アラビア語辞典本来の、語根から調べる辞典。現代語の語彙を中心に語根毎に整理。熟語、例文等で構成した必携の書。　12100円

中級アラビア語読本
新聞の特集記事を読む

アラビア語の文法を一通り学んだ学習者が、次の段階として、少し硬い文章を読んでみようと

初心者のための蒸気タービン　山岡勝己
原理から応用、保守点検、今後へのヒントなどベテランにも役立つ。技術者必携。　3080円

開運虎の巻 街頭易者の独り言　天童春樹
三十余年六万人の鑑定実績。あなたと身内の運命と開運法をお話します　1650円

成果主義人事制度をつくる　松本順市
30日でつくれる人事制度だから、業績向上が実現できる。（第11刷出来）　1760円

腹話術入門（第4刷出来）　花丘奈果
発声方法、台本づくり、手軽な人形作りまで一人で楽しく習得。台本も満載。　1980円

自律神経を整える食事
胃腸にやさしいディフェンシブフード
松原秀樹（2刷出来）　1650円

アラビア語文法 コーランを読むために
田中博一　初心者でも取り組めるように配慮した画期的文法書。　4620円

現代アラビア語辞典 アラビア語日本語
田中博一／スバイハット レイス 監修
千頁を超える本邦初の本格的辞典。　11000円

現代日本語アラビア語辞典
田中博一／スバイハット レイス 監修

言葉を、その思い込みにより理解しようとしないのです。あなた方はこの神の言葉を何度も読み、祈りとともに感謝の想いで、その言わんとすること、また愛を感じてくださ い。

そのようにしてあなた方は、この神へと昇り、またあなた方の愛とその心の深い想いによって、この神の愛を受け、そしてあなた方はその深い心の想いが、この神の愛を受けることだと知るのです。そのようにしてあなた方の魂に、あなた方がこの神の愛を受けることが、刻み込まれているのだということを想い出してください。

あなた方は、このようにしてその魂、その想いに、この神の印として愛が刻み付けられているのです。そのことをどうか忘れないでいてください。

十九　この神の想いを告げます

深い想いの祈りで、あなた方の愛がこの神に届き、神はその願いを叶えるのです。このようにしてその願いを叶えるには、あなた方の愛の想いでしか叶うことはないのです。この神はその愛があるかどうかを、あなた方の中に見るのです。このように何度もこの本にて降ろし、このことをあなた方はその心に刻み込んでください。

またこの神が愛を与えるとは、その愛がこの神に届くときであり、神に届くとは、あなた方がこの神を想いその心温かく、そしてまたその願いの、神に照らして神にかなうものであるときです。あなた方はそのことを知り、その想いの願いを叶えるため、その心に愛を創り、また神を想い心温かく、その願い神に照らしてかなうとし、その想いを願うのです。

この神は愛であり、まさにそのことにより神はあなた方に愛を与え、そしてその願いを叶えるのです。そのようにして神とあなた方は近くにあり、そしてその愛で結ばれているのです。あなた方においては、そのようにシンプルな神と人間との関係を知ることで、その思いのこれまでの神に対する思い込みが取れ、それがあなた方のこの神への上昇となり、またその愛がこの神に届いて、あなた方の願いも叶うのです。

あなた方の愛の想いがこの神に届くとき、その中に神は入り、あなた方と共にその願いを叶えるのです。そのようにして神とあなた方は一体となり、この現象界にあなた方の願いを現すのです。さらに、あなた方が愛をこの神に届け、またその願いが神にかなう願いであり、その中に神への愛があり、そしてまた神への想いがあり、そのことによりあなた方の願いが叶うのです。この神は何度も言い、あなた方がその心に、このことをしっかりと刻印してくれるようにとするのです。

二十　神とあなた方の愛で地球人類を救うのです

この地球人類の思いの、つらく苦しみの多く、この神はまさにこの愛で、そのことから救いたいとしています。その人々のあまりの惨状に、この神さえもその愛は効果少なく、あなた方に、このことから人々を救ってほしく、あなた方の愛をその人々に与えてほしいのです。

それにはどのようにするのかを言います。あなた方、その心を温かくし、なおも愛を創り、神を胸に置き、そして自らの愛とともに、救いたいことのおおよそのことを言い、そのことの終息を深く祈り、そのことによりあなた方の愛が、その良くないことに与えられ、またそれが良くなることをイメージし、そうすることにより愛がそのことに届くのです。

そのようにしてこの神の愛と、あなた方の愛とが一体となり、その良くないことを愛で絶ちきるのです。あなた方はこの神の想いを聞き、あなた方の愛でこの世を救うとして、この神の愛と共に、そのことを行ってください。

二十一　この地球の許容量

あなた方この地球人類のその始まりの時に、神々はあなた方の魂に、神の想いを込めて刻印をしたのです。そのことをあなた方は、先の『宇宙神より人類への初めての福音書正・続編』の中でも読みましたね。

その中にある「増」について話します。あなた方人類はこの、増やす、によって今このように、その数を急激に増やしています。そのことにより地球はその許容量が、あなた方人類を養うのに、充分とは言えないものになってきているのです。そのことについてあなた方は、その認識があまりありません。

またそのことをこの神の地球規模の視点から見ると、危うさを感じずにはいられません。そのようにあなた方も地球規模の視点に立ち、この地球人類の、今の人口の問題を考えてください。

このようにあなた方のなすべきことはたくさんあり、あなた方はこの神が言ったことを、自らのこととして考えてください。そしてそれが人類のために必要であり、またその存続に関わることなのです。

二十二　神を体感できるのです

この創世神においては、あなた方の心の中の祈りがこの神に届くことにより、あなた方の愛を見て、神はあなた方の中に入り、その心の願いを叶えるのです。そのように何度も言いましたね。

あなた方はこの神のあなた方の中に入ることを、その身でしっかりと心に願い、またその願いを言葉にし、そのことによってこの神の愛は、あなた方の深い心の想いの願いを叶えるのです。

そのようにしてあなた方がこの神に願うとき、その想いのみではなく、その願いを言葉で表すことにより、この神もその願いを知り、そのことを実現すべく、この現象界にその祈りにおけることを現すのです。そうしてこの神は、あなた方の祈りの深いことを見て、あなた方の中に入りたいとし、さらに愛を創っています。

またこの神があなた方の中に入るにおいて、その愛を神は見、そしてその中に入るとき、あなた方は温かい愛の想いでいっぱいになるのです。そのようにしてこの神があなた方の中に入るとき、その体感を伴い、また温かい祈りはその胸の熱くなり、また胸の広がるような想いを伴うのです。

そのようにしてあなた方は、この神と共に在り、あなた方のこれからの行く道は、この神との愛の想いを日々心に持ち、またその愛を日々心に創っていってください。

二十三　神は願うのです

この神の願いを告げます。あなた方はこのように、この創世神の言葉を降ろした本を読み、そのことにより神と人間のありようの真実を知り、そしてその心、さまざまに思い、また揺れ、いまだに定まりません。

しかしあなた方はそのことで、まさにこの神への道を、すでに歩き始めているのです。そのようにあなた方がこの本と、『宇宙神より人類への初めての福音書 正・続編』を読むことにより、今まで人類ができなかった、この神創世神への道を歩き始めていることになるのです。この創世神へは、このチャネラー以外は、人類の誰ひとり到達はしていないのです。

この神においては、人類にこの神の愛を与えて、その心癒し、そしてそのことにより愛を創り、また愛を増し、そして愛を広げ、あなた方がこの神の愛となり、そうして共にこの宇宙を愛でいっぱいにし、なおかつ悪を消しこの宇宙の愛となって、神と共に在ることを神は願うのです。

あなた方、どうかこの神の愛をその心に入れ、そして自らも神とならんとして、この神に昇って来てくれるよう、神はまた願うのです。

二十四　神はすべての人に愛を与えるのです

あなた方においては深い想いに刻まれた神への愛があり、この神はそれにより愛を与えるのです。またそのことによりこの神の愛は増え、それがさらにあなた方への愛となるのです。このようにして愛は循環し、その容量もまた増えていくのです。

愛が増えることによって、この神の想いにおいては、この人類のマイナスの思いを愛で温め、そのことにより、この神に向かうようにと願うのです。あなた方、愛を創り、他に与えんとし、人類のマイナスの思いが消えるように、その愛をその思いに与えてください。

そのようにしてこの神の愛とは、あなた方すべての人に、この愛をどこまでも与え、そしてその愛は、たとえどのような者であっても届くのです。しかしながらマイナスの思いのある者が、その愛を自らの意識でブロックしてしまうのです。そのことをあなた方はよく考え、自らの学びとしてください。

そして神はこの神の願いとともに、あなた方の愛を、マイナスの思いのある人のその心に届くよう、心の祈りとして祈ってほしいとします。そのようにしてこの神は、あなた方の愛を必要としているのです。

そしてあなた方は、その愛をこの神と共に創り、またその愛を、そのマイナスの思いのある人に届けんとして、愛とその想いで祈り、そしてそのことにより、自らの愛を増やしていってください。

二十五　自らの愛は自らの想いで創るのです

この神の想いを伝えます。あなた方の愛の中にこの神が入るには、あなた方がいまだこの神に会えていないことから、その想いの愛が少なく、あなた方の創る、愛の容量が足りないとします。このことをあなた方は、意味が分からないと思っています。自分で自分の愛を創るということについて、何のことか分かりません。そのことについて言います。自らの愛は自らの想いで創造するのです。またあなた方がその愛を創らんとするとき、この神はあなた方の愛をこの愛で祈り、その容量を広げるのです。そのようにしてこの神は、あなた方が自ら愛を創ることを、その心を見てこの神の愛を与え、助けるのです。

この神は、その愛をあなた方と共に創り、その愛の容量を増すのです。またあなた方は愛を他に与え、そしてなおそのことにより、自らも愛を増すのです。そのように愛を創り、また増し、それにより、この神が入るための容量が満たされるのです。そのように神はあなた方と共に愛を創り、またその愛で願いを叶えるのです。

そのようにしてあなた方はこの神に願うだけではなく、自らもまたその愛を創造し、なおも人に与え、そのことをしてまさにこの創世神と同じになり、あなた方は、神と自らを想い、その愛を人々に与えるについては、その想い温かく、愛を創り、人々に届けんとし、そしてそれが成ったと想い、その瞑想を終了します。

そのようにしてあなた方は、この神と同じことができるのです。そしてそれは効果のあることなのです。あなた方はこの神と同じ、この宇宙の愛なのです。そのことをよく噛みしめ、その愛を想い、そしてこの神と共に、この宇宙に愛を増やすのです。

そしてなおあなた方、この神の想いにおいて、この宇宙にその愛は広がり、このことによりあなた方人類の、その心の深い想いであるこの神に還るという、その願いの叶うときが来るとします。

二十六　神への道は体感で

神の想いを伝えます。あなた方の想いがこの神に届くとき、あなた方の愛を見、またその心温かければ、そのことによりあなた方はこの神の愛を受け、そしてその愛が増し、この神の愛と同じ愛となるのです。

そのことを神は言います。あなた方は、この神の愛と自らの愛が同じであるとし、またその愛を自ら創ることができるとすることを告げられ、この神の遠く広い宇宙と、自らの小ささの、そのあまりの違いに、まさかと思い、そのようなことはありえないと、その心の中を、その文を否定するために整理しようとするのです。しかしながら神は言います。

あなた方は、文字ではなく、体感としてそのことを感じ取り、またその思い込みのある心の固さを取り、この神に向かい、その愛を受け、そしてなおその心に、この神の愛を共に創り、そして神があなた方の中に入ったとき、その心、今までとは違った心のあり方となり、神の愛と自らの愛が、同じであるということを分かるのです。

そのようにしてこの神への道は、言葉ではなく、体感を伴わなければ理解はできないのです。この神は、その体感をあなた方に分からせたいとして、この本を通じて現し、またあなた方はそれを読み、そしてその体験からくる、その心の祈りの深い想いから、神はあなた方の上昇を知るのです。

そのようにこの神はあなた方の心を見、そのことにより愛を与えるのです。あなた方はその温かい心、愛で、この神とつながり、またその想いこの神に通じ、そしてなおその心の深い祈りの、この神に還ることを願うのです。そのことをして、その願いの神と同じであり、つまりあなた方とこの神は、同じことを願う同じものなのです。つまりは愛なのです。

二十七　本来すべての人は神なのです

祈りにおけるあなた方の思いについて話します。あなた方の祈りの仕方でこの神に届くには、あなた方の想いが温かく、また愛を創り、またその願いは神にかなない、そして深い心の想いをこの神に願うこと、そしてまたその愛の中にこの神が入ることにより、その願いが叶うのです。そのように神はこの想いにおいて、あなた方の願い、また愛を見て、そのことによりその願いを、この世に現すことを決めるのです。

そしてまたあなた方は、その願いのこの神にかなうとは、どのようなことかと思っています。そのことを話します。この神にかなうとは、その願いが人を傷つけることなく、またその祈りに愛があり、そのことにより愛を周りに広げることができ、それが神に照らしてかなうものであるとします。

そのようにしてあなた方は、この神にかない、そしてその願い叶えられ、この現象界にそのことを実現します。そしてなお、その願いまた愛この神に届き、あなた方はまさに神と共にその願いを叶えるのです。このことをもってあなた方は、まさに神と言えるのです。

つまり本来すべての人は神なのです。あなた方がそれを分からないだけなのです。ゆえに言います。あなた方にこの神の想いを今告げ、そしてあなた方の心の深い想いの祈りとは、まさに神に還らんとする想いの、その深い心の祈りであり、そしてそれは神があなた方に刻印した、まさにあなた方が神である証拠の、愛を想い出さんとする祈りなのです。またあなた方が神に還らんとする想いは、この神の深い祈りの想いと同じなのです。そのことをもって神であると言うのです。

そしてなおあなた方がこの神に還るにおいて、その愛、大きくまた強く、この神のそれと、同じくらいにならなければなりません。そのことをあなた方は、また無理だと思ってしまいます。しかしながらそうではありません。

この神の愛と同じ想いから創った愛が、あなた方の愛なのです。あとはあなた方が、その祈りの範囲を大きくするか、小さくするかなのです。そのようにして考え、あなた方はその愛を自ら創り、その願いを叶えてください。

二十八　この宇宙を愛でいっぱいに

あなた方はこの神に願い、その想いを届かせたいと愛を創り、また神にかなう願いを愛で願うのです。そしてこの神はあなた方の中に入り、その願いを共に願うのです。そのことによりこの現象界にその願いを現し、そしてまたこの神は、その願いの愛が、他に広がることを良しとするのです。あなた方はそのように想い、その愛で願ってください。

そのようにしてあなた方がこの神に祈り、その想いを願い、またこの神と共にその願いを実現することによって、神はあなた方と共にその愛を増すのです。ゆえに神は、あなた方の神への祈りがあることを、愛の広がりであると捉え、うれしとして、あなた方に愛を与えるのです。このようにこの神は、あなた方の願いを叶えたいのです。

あなた方はこのことを知り、ならば我もと、その愛の願いを祈りたいとするのです。

そのようにして神はあなた方と共に愛を創り、そして愛を広げ、この宇宙を愛でいっぱいにしたいとしているのです。あなた方はそのように、共に愛を広げてください。そうすることにより、さらにあなた方の愛は増し、またその次元も上昇するのです。そしてなおあなた方における、その願いも叶いやすくなるのです。

またこの神はさらに説きます。この神はまさに愛であり、あなた方は神の愛より生まれ、そしてあなた方にはこの神への愛が、その魂に刻み付けられており、そのことをしてあなた方は、いつの日か神に還らんとし、そのことがその心の深い想いに、祈りとしてあるのです。そのことを想い出してほしいと、この神は願い、あなた方と共に愛を創らんとするのです。

二十九　愛が悪を消すのです

この神の深い祈りとともに、あなた方の心の深い想いの神に還らんとすることについて、この神は愛の想いで話します。

あなた方はこの神の愛を、何も感じないし、また何も分からないとしています。しかしこの神の愛は、あなた方の心のその分からない深い想いを呼び覚ますべく、あなた方の魂に与えているのです。そのことをあなた方は、何も感じない、また何も分からないとしているのです。

そしてその愛は、あなた方が、神に還らんとすることを強く理解し、心に深く刻み、また愛を他に与え、そして神と共に愛を創らんとし、心に愛が広がり、その想いが温かくあり、その深い想いの愛の祈りにより、その願いの実現をさせるのです。

そのようにして、この愛をあなた方は想い、またあなた方の深い心の祈りの想いで、神に還らんと願い、その実現をなすことを、神は待つのです。

また神の愛の想いから、神はこの宇宙の愛と悪について、そのことについて言わねばなりません。その悪とは、この宇宙のあなた方生命にとって、あってはならない、この神とは相反するものであり、その思いはまさに人の愛を嫌い、また人を苦しめることにより、その思いを自らの糧とするもので、それを悪魔というのです。この神は、あなた方人類にこのことを伝え、またその愛でこの悪を消してほしく、このように告げるのです。

あなた方、この神は愛であり、そしてまたあなた方も愛なのです。そのことをして、その愛で消してほしいと想っています。またあなた方はその悪の、あなた方に対する影響が無いことを願い、そしてこの神の愛の中に守ってほしいとしています。

あなた方この神の愛で、この本を読んだ人の魂は、この神によって守られており、そのように想ってください。

そしてまたあなた方が、その愛で悪を消そうとするとき、この神は必ずやあなた方の中に入り、その悪を共に消し、そのことをしてあなた方は、その愛の実感を得ることでしょう。そのようにこの神はあなた方と共に在り、その愛でこの人類の悪を消し、またその悪の心にも愛を与えて、その魂の安らぎを与えんとするものです。

三十　心のシステムを知り心をコントロールする

この神の名においてこの言葉を降ろします。あなた方がこの現象界の願いを叶え、またその心の想いの温かく、そして愛があり、なおも愛を他に広げ、そして愛で悪を消し、そのことにより神はあなた方が、この宇宙の愛と共にあるとします。またこの神はあなた方を守り、そして愛を与えるのです。そのようにしてこの神と共に在り、あなた方はこの神の愛によって、宇宙の愛となるのです。

あなた方はそのように想い、この神と共に在ることにより、その魂の上昇を知ってください。その魂の上昇とは、つまりあなた方の想いがこの神に近づくことです。それはその瞑想の時、自分ではないような感覚となることで分かります。そしてそれが上昇した証なのです。またこの神はそのあなた方の上昇を愛で知り、そしてまたさらに愛を与えるのです。このようにして愛は増し、愛は広がり、またその愛が悪を消し、あなた方はこの神と同じ愛となるのです。あなた方がそうなったことを神といい、また愛というのです。

またこの神はあなた方に言わねばなりません。この地球人類の思いの、愛と悪について。その悪というのは、あなた方がテレビなどのニュースの、まさに悪の出来事を毎日のように見、知り、その心に重いマイナスを入れています。そしてまたそれにより自らの現象界を、良くないものにしていることに気付いていません。そのことをそのままにせず、その良くないことを消すべく、アーメン、と唱えなさいとします。

そしてなおあなた方は、その良くないことを知ったならば、そのことを話題にするのではなく、その心から消し、そして楽しい、うれしい、温かいことを想い浮かべてください。そうすることによりその心温かくなり、マイナスは消え、またあなた方の次なる現象界は、温かいものになってゆくことでしょう。あなた方はそのことを、必ずやその良くないことが終わると信じて行ってください。神はそのことをあなた方にこの愛で説き、あなた方にその実行を、愛で行ってほしいとします。

このことから心のシステムを知り、それを自らのためばかりではなく、他の人々のためにも行ってください。こうして心のシステムを理解し、またその心をコントロールすることが、この神へと上昇することになるのです。そのように想い、あなた方はこの現象界を良くし、この神へと昇って来てください。

三十一　この本は神への道なのです

この神はあなた方が、心の深い想いの祈りである、神へと還ることにおけるその心の、愛の想いを見るのです。

あなた方は、愛をその心に自ら創り、そして他を想う愛であり、愛を他に与え、広げ、またその愛の中に神が入り、この神と共に在る、そのようにこの本にて知りました。

そしてそのようであれば、あなた方はすでに神と言えるのです。

そのようにして、この神は愛を見て、あなた方を神へと引き上げるべく愛を与え、そしてこの神と共にその愛をさらに増やし、この宇宙を愛でいっぱいにしたいとし、そしてあなた方がこの神へと、また愛となったその魂の、神に還ることを願うのです。

そのように神はこの愛をあなた方に与え、その愛を見て、あなた方を神と認めるのです。このようにしてあなた方が神となることは、絵空事ではなく、現実のこの神がその魂に認定して、神であることを宣言するのです。そのようにしてあなた方は、この本で神への道を歩めば、必ずや神となることができるのです。この神においてあなた方にそのことを約束します。

三十二　この神の愛であなた方を守ります

心の思いのその奥にある重い思い、つまり良くない思いを、その心が思い出したくないとし、またつらいことにより、あなた方はそのことをその記憶から消したいとします。しかしそれどころか、ますますそのことが心に浮かんできてしまいます。そのときにあなた方は、アーメン、と唱え、そのことによる良くない現象が起きるのを打ち消すのです。そのことをせず、マイナスの心のままでいれば、あなた方はこの現象界のさらに下にある、重い思いの悪でありまたあなた方が悪魔と言っていることの思いと、通じてしまうのです。

なれども、アーメンと唱えるあなた方は、この神とつながっており、そのことによりこの神は、決してあなた方の中にその悪を入れず、なおもその悪にも愛を送り、それによりその悪の者も、その思いこの神にとし、悪の思いの攻撃を止めるのです。

そのようにしてこの神は、あなた方のこの神への愛を守り、そしてその心の安らかならんことを守るのです。このようにしてあなた方はこの神に守られており、そしてまた愛があり、その愛を見てこの神はあなた方の中に入るのです。そのようにあなた方はこの神と共に在り、またその想いの愛を他に広げることは、その想いこの神と同じであり、つまりあなた方は神であるのです。

三十三　あなた方はこの宇宙の愛なのです

あなた方のその現象界が、なかなかに思い通りにならないことで、あなた方はさらにその心を重くしています。そのことについて神は言います。あなた方の心を重くしているのは、実はあなた方自身なのです、と。心は自ら創るものであり、その心を創る自分自身の思い方をコントロールするのです。

あなた方のこれまでの思い方として、良くないことは自分が悪いのではなく向こうからやってきて、自分は被害者であり、その原因は相手にあるとして、それを攻撃すれば、それがさらにマイナスを自分の心に入れることになるのです。しかしそうではなく、あなた方は、自らの思い方が良くないことを呼び込んでいることを、この本で知ったことでしょう。そのように思い、その心をコントロールし、この神の愛を受け、そのことによりその現象界を創ってください。そのようにコントロールした心であなた方の願いを神に祈り、そしてまたそれが成ったと確信し、その心の中の安らかであることを創るのです。そのようにあなた方は自らの心を、自らの深い祈りと瞑想により創るのです。

そしてなおあなた方が、その心の深い想いの神に還らんとすることを助けるべく、この神はあなた方に愛を与え、またその愛を増し、そしてなおこの神と共に在り、そのように神の愛を与えて、神はあなた方がそのことを想い出すようにと、愛を送るのです。そのことにより神はあなた方に、この神と同じ想いの愛であるというのです。

またこの神はあなた方のその愛を、他に広げてほしいとします。愛を広げるとは、その愛を他に与えることです。あなた方人類の思いの、その心のマイナスは多く、この神はそのマイナスを消すべく、この神とあなた方の愛で共に祈るのです。そしてそれが、自らも愛の中にいて、その心安らかとなるのです。そのようにしてあなた方は愛を増し、愛を広げ、この神と共に在り、そしてこの地球を愛でいっぱいにし、そのことにより、あなた方はこの宇宙の愛となるのです。

三十四　あなた方はこの世で一人ではありません

あなた方における願いの中で、時としてその願いに愛は感じられず、ただ強いのみの祈りにおいては、その強い愛のないことにより、その願いが叶うことはなく、またその愛のないことにより、その思いの神にかなうものではないとして、願いは叶えられないのです。

それゆえにあなた方はこの神に願うとき、その心に愛を創り、そしてその願いが神にかなうかどうかを見、またこの神のあなた方の中に入ることを願い、愛を増し、そしてその想いを願うのです。

またあなた方のその心の深い想いの神に還ることを想い出させせんと、この神の愛を与えるのです。そのようにしてこの神とあなた方は愛でつながっており、決してあなた方はこの世で一人ではないのです。

なおも神は言います。あなた方この神の愛とは、あなた方への想いであり、あなた方をいとしと想う、まさに親の愛なのです。またあなた方がこの神を恋しと想うのは、その心の想いが、求め合い、引き合うためです。このようにあなた方とこの神は、まさにその愛でつながっているのです。そのようにその心に愛を抱き、そしてこの神へと意図し、その深い心の想いの愛で、昇って来てください。

三十五　神に還らんとすることを想い出してください

この神のあなた方への想いとはまさに親であり、あなた方がその心の深い想いの神に還ることを願うのは、まさにあなた方の魂にある祈りなのです。このようにあなた方がこの神を想い、他に愛を与えることは、それはこの神と同じ愛であり、つまりはこの神と同じ神なのです。

そしてこの神はあなた方を、この神の心そのものである愛の中に入れ、その容量を増すのです。そのようにあなた方はその愛の中に入り、またこの神と共にその愛を創るのです。そのことをもってあなた方は愛となり、また神となるのです。

またこの神はあなた方に告げます。この神と共に在ることにより、あなた方はその心の深い想いである神に還るという、その祈りが叶い、そしてなおこの現象界にてその想いの、神への愛と神よりの愛を受けて、心地よく過ごすのです。この神の愛を受けるということは、あなた方においては、その魂のゴールがそのようになることなのです、それを心に描くのです。このようにあなた方がそのことを祈り、この神へと還ることができるようにと、この神はこの文を降ろすのです。

またあなた方はこの文を読み、そのあまりに簡単に神となり、愛であると言うことに、その文を信じることができないとし、ただ読み流しています。そのことを神は言います。そのようにして文にすれば簡単な言葉なのですが、しかしそれを体得するには、あなた方がこの世に生を受け、そして生き、その生きている間に、神に還らんとする祈りを想い出し、そして死に、それをその心の深い想いの中に深く刻み、そしてなおそのことを繰り返し、それを祈りとして、心の深くに蓄積していくのです。

そのようにして、そのことを繰り返し、その魂の最初の生より、この神へとたどり着くゴールまで、実にこのチャネラーにおいては、九十万年の時間を要したのです。そのことを知り、このチャネラーは、今びっくりしています。

この魂は、神に還らんとする想いが確かであり、この神はその輪廻転生の折々に、人々を救うべく目覚めさせたいとして注視したのです。そしてようやくこの生において、この魂はこの神と出会い、その愛を受け、自らも愛となって、今この地球人類にその思いの、愛ではないことの多くあることにより、その瞑想の中でその人々の心安らかならんとし、その愛を神と共に送っているのです。あなた方はこの本を読み、この神とこのチャネラーの愛と共に、あなた方の愛を、この地球のその愛ではないことに向けて、送ってほしいとします。

三十六　神の愛を体得する

この神はあなた方に説きます。神はあなた方の願いである、深い想いの祈りの神に還らんとすることを、その道を照らし愛を与えるのです。そのことによりあなた方は、この神へと還らんと、その心に愛を創り、なおもまた心温かく神と共に在り、そして他に愛を与え、またあなた方の中にこの神が入ることにより、さらに愛を増し、そしてあなた方は愛となり、また神となるのです。

あなた方はこの記述を読み、我もなりたいと想い、またその体得をしたいと想い、さまざまに想いこの神に会わんとしています。そのことを神は言います。あなた方この神に会うには、その心の愛が、この神の愛と同じでなければ、それはできないのです。それではやはり無理かとあなた方は思うでしょうが、しかしながら神は言います。つまりあなた方はこの神の愛を、その身で体得すればよいのです。あなた方がこの神に出会うことは、すでにできているのです。あなた方が、この神と共に在ることを胸に抱き、その愛を創り、そして愛を増し、あなた方の中にこの神が入ることにより、あなた方と神は出会っているのです。

その時にあなた方は次のように感じるでしょう。神があなた方の中に入った時、それは、その心深くに温かい想いが広がり、愛でいっぱいになるのを感じ、まさにこれまでの自分ではないように感じる、その時が、神があなた方の中に入った瞬間なのです。そのように神とつながっている実感をその身で味わうのです。その瞬間をもって神に出会ったとしてください。そしてそれが体得したということなのです。

三十七　あなた方の心の奥深くの想い

この神の祈りとして、あなた方が愛を増してこの神へと還ることを、神は待っているのです。またあなた方の心の奥深くにしまい込まれて想いが届かず、それが何であるか分からず、それを分かりたいとする祈りを叶えて、神はあなた方への道しるべとして、このチャネラーが、その心の奥深くの何かを知りたいとし、そしてこの神へと意図し、歩いてきたその道を知らせるのです。

それは目的が何か分からず、なすすべなく時を過ごし、またその行く道も分からず、このチャネラーはそのように、この神への道をその思いひとつで歩んできたのでした。そのことを今思い、その未達の苦しみの年月の長く、そして何も分からず、ただ自らの過去生のその名を、若いころに天啓として受けていたのでした。その天啓の意味を知りたいとして歩いてきたのでした。またその深い祈りをみて、この神は何としても引き上げんとし、時折この愛を与えたのでしたが、このチャネラーはその意味が分からず、しばらくするとまたその心下降し、愛は送れなくなったのでした。

そのように愛を持ち、そしてそれを保つことは、やはり難しいことなのです。つまり現在のこのチャネラーのように、いつもこの神と共に在り、その愛を受け、また愛を共に創り、そして他に愛を与える、そのようでなければその次元を維持することはできず、またこの神の愛も受けることはできないのです。そのようにしてこの神は、あなた方にこの想いを告げ、あなた方においては、その神への道程の困難さを知り、しかしこの本の神の言葉を体得すれば、神に還ることができると胸に刻み、この神へと昇って来てください。

三十八　神への道の行程を説きます

この神の最も告げたきことです。あなた方がこの神へと還らんと、その心の深い想いを祈り、またそのことによりこの神へと還るその道を歩くとき、神はあなた方の愛を見、また愛を他に与える祈りの神にかなうものであるかを見、そしてこの愛を与えるのです。そのようにしてあなた方が、その現象界にてこの神の愛を受け、そのことによりこの神へと上昇できるのです。

このようにあなた方はその想いの温かく、また愛を創り、そして愛を他に与え、この神と共に在ることを感じ、そのことによってあなた方はこの神に還らんとし、その道を歩き、そしてこの神はあなた方の行く道を照らし、また愛を与え、あなた方はこの神と出会えるのです。

その行程を今ここに書き、その道をあなた方が歩めるようにとするのです。このことを今までは誰も知らず、今ここに初めて、神と人間のありようの真実を、この地球人類に、この神はこの愛で降ろすのです。このようにあなた方人類は、初めてのこの神の降ろした本を読み、そしてその内容は、まさに誰も知ることのなかった、人間とは何かの問いに答えるものであるのです。それができたことで、神はこのチャネラーに礼を言います。このチャネラーがいなければ、あなた方が人間とは何かの答えを見つけることは、この先もできないとします。

そのようにしてあなた方はこの本をその愛で読み、この神の言葉を、まさに奇跡の言葉として捉えて、そして他の人に広めてほしいとします。あなた方が他の人に広めるにあたり、この神はあなた方の中に入り、そのことによってあなた方は神と共に、その愛を他に与えたこととなります。そのことはあなた方の、この神への道を容易なものにし、かつまたその道を短縮するものです。そしてなおあなた方がこの神へと昇るために、遠くにありとしていたこの神が、あなた方の中に入り、共に在るのです。そのことであなた方は、愛の中で神への道を歩むことができるのです。この神はそのことを、今あなた方と約束します。

そしてあなた方の歩む道を、この神が守りまた愛し、あなた方は安らぎのうちに、神へと還ることができるのです。またこの神の愛として、あなた方の輪廻転生からの解脱の願いを叶え、そしてそのことによってあなた方は、その現象界を最後とし、死して後、神となるのです。

そのようにして神はあなた方に、まさに神への道を説き、あなた方がそのことを知り、それにより実行し、そして神となることを、神は待つのです。このようにこの神の最もあなた方に言いたきことを、これまで告げ、あなた方はそのことをして、この神の何であるかを知り、そして人間の何であるかを分かり、また実行し、この神へと昇って来てください。

そしてなお、神となりまた愛となり、そうしてこの神の世界では、その仕事はいまだ多くあり、決して温かく漂っているだけではありません。

愛となり、ということはその反作用である、悪もまたあり、その悪をこの宇宙にはびこらせたくないとし、そのために愛を増やしたいとします。そのような悪も、その実は神の魂の子だったのであり、その意識はしだいに神から遠ざかり、ついに愛の無い悪となったのです。なれどもこの神は、その悪にもこの愛を与え、その思いのさらなる下降を防ぎ、またこの神へと昇るよう、愛を与え続けるしかないのです。そしてあなた方は神となり愛となれば、その愛は増し、この神の愛は増え、その悪もその量は小さくなるのです。そのようにその愛をこの神は増やし、悪を減らし、そのことをしてこの宇宙を、生命の住みやすい所にしたいのです。そのことを理解してください。

そのようにしてこの神はあなた方に、この宇宙の愛と悪について話しました。そのことでさらに難解に思ったことでしょう。しかしながらそのように理解のできないことは、この宇宙に数限りなくあるのです。あなた方は、自らのこともよく分からないでいますが、今この本にて、その糸口が少しほどけたとして、この本を読んでください。

三十九　愛を心に創り神にかなう願いを

神は教えるのです。人類のその思いはこの神には向かわず、その願い事は自らのこの世のために、その祈りの多くを費やしています。あなた方の願いにおける祈りが、この神にはその思い届かず、また愛もなく、そのようなときあなた方の願いは、叶うことはなかったのです。それゆえにこの神は今あなた方に、願いの叶う祈り方を教えます。

その願い事の、まずは神にかなっているかどうかを見ます。神にかなうとは、まずその願いの人を傷つけないことです。そしてまたその願い事により、自分だけではなく、周りもそのことの恩恵を受け、なおかつそのことにより愛を増し、さらに愛を他に広げることができることです。

そしてなおこの神はあなた方がこの神に願うとき、その愛を見ると言いましたね。それはあなた方の愛と、この神の愛とで、現象界のあらゆる事象が、その愛を通して動くからなのです。そのようにあなた方は理解し、その愛を心に創り、その願い事を願ってください。

またあなた方はそのようにこの神に祈らんとするとき、その想い温かく、また愛があり、そして神にかなうならば、あなた方のその願いは叶い、そしてなおこの神への道を歩いていることになるのです。つまりあなた方は願いを叶えるとともに、魂の本来の姿である、神へ還る道を歩いていることになるのです。

四十　愛はこの現象界を動かす

　あなた方はこの神に向かい、その想いが温かく愛があり、また愛を増し、そしてこの神はあなた方の中に入り、共に在り、愛を広げ、そのことによりその願いは叶うのです。そのことであなた方は神への道を歩いており、また神へと上昇しているのです。そのことはまさに、あなた方魂の深い想いであり、魂の祈りでもあるのです。つまりはあなた方がそれと知らず、この神への祈りをなし、そのことにより神への道を歩いていることになるのです。

　そのようにしてこの神への道は、あなた方が生きるために必要な願い事を祈る中に、神への道のヒントがあるのです。つまりこの神は、そのヒントをその答えに結び付けてほしいとするのです。つまり願い事を願うとき、その愛が、この現象界のあらゆる事象を動かすことに、早く気付いてほしいのです。そのことをあなた方はなかなか気付けないのです。そのようにこの神はあなた方に、気付くためのヒントを与えているのです。

この神はあなた方に、そのヒントに気付き、そしてなおその愛を創り、また増し、そして他に広げてほしいのです。またこの神はそのことにより、あなた方の神へと還る道を短縮し、なおかつその道を照らし、そして愛を与えるのです。そのようにして気付きを得て、そのことを体得し、この神への道を歩いてください。

四十一　神に還れない魂にあなた方の愛を

この神の祈りです。あなた方が神に還り、そして愛の容量を増し、そのことによってこの神の想いの温かく、さらにその想いを、全宇宙にいる神に還ることができない者たちに、この愛を与えんとします。そのことについてあなた方は、また理解ができません。

そのことを神は説きます。その愛を与えたいとする者たちとは、この神そして宇宙神の愛より魂が生まれ、そしてその生を受け、生き、そして死ぬも、そのそれぞれの天界には還れず、この現象界の下の、魂のみとなった幽界にいる者は、この現象界を恋しがり、その思いのため、なかなか天界には昇れないのです。そしてまたその幽界の下の地獄界においては、さらに困難なのです。そのことによりこの神は、あなた方がこの神の想いの愛を受け、愛を増し、また愛を他に広げることができることから、どうかその者たちにも愛を与えてほしいと言うのです。

その愛を与えるには、あなた方の想い「神と共に在り」とし、必ずやこの神があなた方を守ると想ってください。そうすることによりあなた方は、この神の愛の中にいて、その愛が悪を消します。そのことを神はあなた方に約束するものです。

またそのことによりこの神の想いにおいて、あなた方のこの神への道は、ついにゴールとなり、あなた方はその深い心の祈りであるこの神に還ることを、その愛で成し、そして神となるのです。

四十二　生命を悪のない心にしたいのです

あなた方にこの神の愛が届いて、この神はあなた方と共に愛を創るのです。そしてまたあなた方はその愛を他に与えることによりその愛がさらに増し、またあなた方の愛の想いによってこの神の愛とならんとし、あなた方はそのことを心に想い、その魂の神となり愛となる日を想っています。この神の想いは、神の愛とあなた方の愛は同じものであり、すでに神であり愛であると想ってください。

そのようにして愛はしだいに増し、神はやがてこの宇宙を愛でいっぱいにしたいとするのです。そのようになったら、どれだけこの神の心は温かくあることでしょう。そのようにあなた方が、愛となってこの神に還り、その愛が増え、そしてあなた方と共に、この神の愛を宇宙に広げるのです。

このようにして神はこの宇宙を愛となし、生命を悪のない心にしたいのです。そのようになるのは遠い先のこととなっても、そのことを創りたいとしているのです。この神はあなた方と共に、この宇宙を愛でいっぱいにし、そしてそこに住む生命の心を、あなた方の愛で悪を消し、やがて誰一人、悪のない心となることを、この宇宙に実現したいとしています。あなた方はその神の願いを知り、その愛の力を貸してください。そのようにしてこの神の想いを実現させるために、あなた方全員がこの神へと還ることを待っています。

四十三　この本は魂のゴールを説き明かしています

願いを祈るとき、あなた方はその願いを叶えんとして愛を創り、そして心温かく、また愛を他に広げんとし、愛を増し、その中にこの神が入り、またそれによりこの神の愛を受け、その願いが叶うのです。このことによりあなた方の、深い想いの祈りである神に還るというその道を、あなた方は歩いていることになるのです。

あなた方は、このことを何度も繰り返しこの本で読み、この神の言わんとすることをその愛で感じ、またそれを自らやってみたいとし、そしてなおこの神と出会いたいとすることを、あなた方の愛で、神は知るのです。そのようにしてこの神はあなた方を見て、この本の次なる言葉を降ろすのです。

そしてまたこの神の愛を受けることにより、あなた方はその行く道が分かり、またゴールも分かり、またあなた方が、これからこの神へと昇るということを、神ははっきり分かるのです。そのように神はあなた方に、これまでの人類が知るべくもなかった、そのゴールを説き明かしているのです。

そしてなおそのゴールにおいては、この神があなた方を迎え入れ、そしてその長いこれまでのことを、この神の温かい愛で包み、またあなた方は神であるとして、この神と共にその宣言をなすのです。

四十四　あなた方は神の力となる

この神の想いを告げます。あなた方がその心に愛を入れ、そして増し、そのことにより神が入り、さらに愛を他に与える、そのようにしてあなた方は、深い想いの祈りの神に還ることを悟り、その魂の目的である神に還るのです。そのことについて神はさらに言います。

その神となるにおいて、あなた方の魂の親である宇宙神に頼み、この創世神へも還ることができるようになったのです。それゆえあなた方はその心の深い想いである神に還らんとする想いを、この創世神の元にも還ってほしいとするのです。そのことによって創世神は愛を増し、あなた方は、この宇宙を愛でいっぱいにすることの、その力となるのです。

そのようにあなた方はこの神の力となり、そしてまた愛となり、その愛でこの想いを叶えんとするのです。そのようにしてこの神とあなた方の愛は広がり、そしてなおこの神の力となり、この宇宙を愛でいっぱいにすることと、またこの人類の温かい生活、そして人類の心の安らかならんことを創り、そして神とあなた方人類は、この宇宙を変える愛となるのです。

このように神は、あなた方人類にこの宇宙を愛で満たさんとすることを今告げ、そしてこのことを、今宇宙に宣言するのです。この神は、今より始動します。

四十五　神の愛を届けます

この神創世神の、この宇宙の愛によって、あなた方の魂の次元の上昇をさせんとし、これまでその愛を説き明かしてきたのです。そのためにこの神は、あなた方の心に、この神の言葉を刻み付けるため、何度も繰り返し話してきたのです。あなた方においては、そのことをこの神の愛として、分かってほしいとします。

またあなた方の魂の深い祈りである神に還らんとすることを呼び覚ますために、この神はあなた方に愛を与え、その祈りを叶え、そしてあなた方はついに、神となり愛となるのです。そのようにして愛は増し、そしてこの宇宙を愛でいっぱいにするのです。そのことで神は、愛で悪を消し、そして悪のない宇宙にしたいのです。そのようにしてこの神はあなた方と共に、この宇宙を愛で変えたいのです。

あなた方は、そのあまりに大きな神の話を、とても信じられないと思うことでしょう。

そのことについて神は言います。このことはあなた方人類のみならず、この神とチャネリングでき、この神の愛と共に在り、また深い祈りと共に在る他の星の、肉体の無い次元の高い生命体がおり、その生命体もそのことを願っているのです。その者たちは、この神の愛をその心の愛となし、そしてまたこの神に還りたいと想っており、この神はこの愛を与えるのです。そのようにしてこの宇宙には、あなた方地球人類を見守っている、まさに愛の生命体がいるのです。

あなた方はこの神の言葉を読み、このことを知り、そしてこの宇宙の広さを思い、そのようなこともあるのかと想っている者もいます。しかしながらまたも信じられない、と思う者もいることでしょう。しかしそれは真実であり、嘘偽りなく、この神はあなた方に告げるのです。そしてなお、あまりに信じ難いとして、その心を閉じるべきかと思っている者もいます。

そのことについて神は言います。あなた方この神は愛そのものとして在り、そしてその愛を嫌う悪はこの神の存在を無くしたいとし、この神をその悪で消そうとしているのです。またあなた方はそのことを知り、そしてこの神を守らんとし、その悪にマイナスの思いを放つのです。しかしながらそのことは、悪にとってはかえって栄養となり、悪の増幅となるのです。そのようにして悪ははびこり、この宇宙の愛と悪の、そのことのせめぎ合いなのです。

そしてなおこの神はあなた方に頼みます。その愛の祈りによってこの神と共に在ってください。そのことにより悪は消えるのです。そしてなおあなた方においては、この神と共に在ることによりその愛は増え、また愛を他に与えることにより、その愛は広がり、またその魂の上昇となり、そしてこの神に還ることができるのです。

四十六　神と共に瞑想する

その祈りを神に届けんとしてあなた方は、この神があなた方の中に入ることを願い、その心温かく愛を創り、そして愛を他に広げ、そのようにして、この神の入ることを待っています。そのことについて言います。

この神があなた方の中に入る時、あなた方はその心の愛は増し、そして、自分ではないと感じるまさに愛となり、その想いは神のようであり、そしてその温かい愛を他に与えるのです。そのように愛を感じまたイメージし、瞑想をするのです。

その時神は、あなた方のその瞑想が叶うように共に祈り、そしてまたあなた方が、神に還ることを想い出させせんとするのです。そのようにしてこの神は、あなた方を神に還らせるために、あなた方の瞑想の中に入り、あなた方と共に祈り、この神に還るようにとするのです。

またあなた方においては、その瞑想に神が入る時、自分ではないと感じるという記述を見て、何のことかよく分からないでいます。そのことについて言います。この神があなた方の瞑想の中に入るということは、つまりあなた方の中に、神の愛が入ったのです。そしてそれはやはり大きな愛であり、あなた方が普段感じたことのない、また自分ではないように感じるほどの愛が、自らの想いとなり言葉となって、その心、愛でいっぱいになるのです。そしてこの神は、その願いを叶えるのです。そしてまたその体得をしたことにより、あなた方を神とし、愛とするのです。

四十七　創世神の最後の言葉です

この神の名において、あなた方にこの想いを告げます。この宇宙の愛が増し、あなた方が神に還り、共に愛となり、そしてこの宇宙の悪を消し、そのことによりこの宇宙を愛でいっぱいにするのです。そのようにしてこれまで降ろし、そしてこのチャネラーが記してきました。

あなた方はこの本をこれまで読み、その心にこの神の言葉を刻み入れ、そのことを実現すべく瞑想をして、自らも神にならんとしている者もいます。

またあなた方は瞑想をし、その中に神が入ったことが分かり、それをうれしいとし、そして神と共に在ると感じ、それをまさに愛であり神であるとして、この本の実りを味わうのです。

また他にこの愛を広げんとし、そしてこの神に還らんと願い、なおもその心この神を想い、また悪を愛で消し、そのようにありたいと願い、神へと意図し神へと上昇してくる者もいます。

そのように多くの人がこの神へと上昇し、この本の内容を理解し体得することによりさらにこの宇宙に愛が満ち、そのことにより悪は消え、この宇宙はその姿をこの神の愛で変え、そしてそれはあなた方の地球をも変えるのです。

またあなた方の地球では、今は多くの愛の無い出来事があり、そのことによりあなた方はさらにマイナスの思いを持ち、愛の容量を少なくしているのです。しかもその愛は宇宙の愛ではなく、自らのための愛なのです。またその心の愛を増すことなく、愛を他に広げることもなくその生を終えても、神の元に還ることは難しいとします。

そのようにしてこの神はあなた方の心を見、そしてその愛を知るのです。あなた方はそのように思い、その愛が神と同じ愛になるべく、その想い、魂を、さらに神へと上昇させてください。

このように神はあなた方にこの想いを降ろし、あなた方はそれを読み、そして神となり愛となりたいとし、なおもその愛でこの宇宙を愛でいっぱいにしたいとし、またすべての悪を消したいとし、この神に祈り、神はその願いを叶えんとするのです。

あなた方はこれまでこの本を読み、その愛でこの本が、まさに神よりの言葉であることを確信し、そしてその魂で、この神の降ろした言葉をその心に刻み入れ、そしてその身で体得してください。

この神はこのように話し、あなた方の愛がこの宇宙に広がることを待つも、しかしこの今の地球人類の思いが、真の宇宙創世のこの神には通じることは無く、この創世神とは程遠く、また、ただ神や愛という言葉のみの宗教は、ついにこの神にはたどり着けず、そのことを神は哀れなりとします。またその他の宗教もしかりであり、あなた方はそのようなことに心をとらわれることなく、この本の言葉を降ろす、この神創世神こそ、真のこの宇宙を創世した神であることを、その魂と愛で分かってください。そのようにして神はこのチャネラーを通し、この想いを愛で伝え、そのことによりあなた方が、この神へと還ることを待つのです。

またあなた方はその愛でこの本を読み、なお体得し、そしてこの神へと還り、またその愛で悪を消し、そのことによりこの宇宙を、この神と共に愛でいっぱいにするのです。そのことによりあなた方はこの神の愛となり、また神に還り、その想いいつまでもこの神と共に在りたいと願い、そしてそのことは叶えられるのです。あなた方はそのように想い、この神に上昇して来てください。

またあなた方はこの神の愛を受け、つまり神に愛され、そしてその愛は永遠に続き、決して終わることはありません。そのようにこの神は永遠であり、またこの宇宙は神の愛とともに在り、そしてまた愛と悪が存在し、しかしその愛で悪を消すことにより、その姿を変えることができるのです。そのことをあなた方は疑わず、このことを信じ、この神に還って来てください。

このようにして神は、あなた方にこの想いを告げました。あなた方においてはその心さまざまに考え、また迷いもしたことでしょう。そのことにより神は、それがこの神への行程の始まりであるとします。あなた方においてはこの神の言葉は、その魂が求めたものであることを、この本を読むことにより分かったことでしょう。

そしてなおこの神の愛を、この本を読んでいるあなた方に、今、溢れんばかりに与えて、あなた方がこれからの生を、その心のマイナスを消し、この神へと昇りやすくせんとするのです。

この神をしてあなた方に最後に言います。この創世神が、このように人類に言葉を降ろすのは、まさに奇跡なのです。この奇跡の本を後々の人に伝えてほしいと、この神はあなた方に頼むのです。そしてこの神は、この深い想いの祈りで、この宇宙を愛で満たしたいと願い、あなた方がその心、愛となり神となって、この神の元に還る日を待つのです。

〈著者紹介〉

花木 睦子（はなき　むつこ）

1948年富山県に生まれる。

1984年に不思議な体験をし、後になってそれが天啓であると知ったのですが、それは手が自然に動いて印を結び、同時に、その意味する言葉を心に受け取るというものでした。そしてそれは神仏を感じさせるもので、しかしそれが誰からなのか分からず、またその言葉もこの世のものではないと思える荘厳さに、自分は何かすべき事があるという思いはあっても、それが何なのか、またどうしてよいのか分からないまま、30余年を過ごしたのです。

2015年に仕事を引退し、若いころの、印を結び言葉を受けたことの意味を、何としても知りたいと決意し、願い、そしてようやくにしてその年の末に、最初は東方神に、しばらくしてから宇宙神に、そして 2019年より創世神に、その行、成ったと認められ引き上げていただき、このようにチャネリングができるようになったのです。

2021年『宇宙神より人類への初めての福音書　正・続編』（鳥影社）を出版

創世神の想いを
人類に初めて降ろします

2024年12月13日初版第1刷発行
著　者　花木睦子
発行者　百瀬精一
発行所　鳥影社 (www.choeisha.com)
〒160-0023 東京都新宿区西新宿3-5-12トーカン新宿7F
電話 03-5948-6470, FAX 0120-586-771
〒392-0012 長野県諏訪市四賀229-1（本社・編集室）
電話 0266-53-2903, FAX 0266-58-6771
印刷・製本　シナノ印刷

ISBN978-4-86782-135-0　C0095